大人の日本語

つい教養が出てしまうとっておきの471語

話題の達人倶楽部［編］

青春出版社

一目置かれる！　気持ちが伝わる秘密のボキャブラリー集――はじめに

慣用句や成句、難読漢字など、〝日本人なら知っておきたい日本語〟をめぐる本は、たいていの場合、その読み方と意味、そして語源の紹介を中心に作られています。

たとえば、「死者《ししゃ》に鞭打《むちう》つ」なら、「死んだ人の言行を非難・攻撃すること」という意味と、この言葉を生んだ中国故事が紹介され、同じ意味を持つ「死屍《しし》に鞭打つ」が紹介されていたりします。

しかし、新たに覚えた日本語の表現を日常会話のなかで使ってみようというとき〝微妙な使用上のノウハウ〟を知らないと、かえって恥をかくことになりかねません。たとえば、日本語には、仲間内では違和感なく使える言葉でも、失礼になったり、年齢の違いや役職などの上下関係、あるいはその場の雰囲気などによって、下品や不遜《ふそん》に聞こえたりする語彙《ごい》が多数含まれているからです。しかも、そのような言葉の落とし穴には、じつにさまざまなパターンがあるのです。いくつか紹介しますと――。

①改まった場面では下品に聞こえる言葉

たとえば、「一枚噛《か》む」（何事かに参画《さんかく》すること）という慣用句は、仲間内なら「私にも一枚噛ませてくださいよ」と問題なく使えます。ところが、決して上品な言葉ではないので、改まった場で口にしたり、目上に対して使うと、たちまち「言葉づかいが下品」という印象を与えてしまいます。「渡《わた》りをつける」や「唾《つば》をつける」も同種の言葉です。

②自分のことには使えても、相手に対して使うと失礼になる言葉

たとえば、「無手勝流《むてかつりゅう》」は「我流《がりゅう》」という意味なので、「私のやり方は無手勝流ですので」と自分に関して使うと謙遜になりますが、「彼のやり方は無手勝流だ」のように他者に対して用いると、失礼な言葉になってしまいます。

③自分のことに関しては使えない慣用句

たとえば、「魔《ま》が差《さ》す」は、「彼もつい魔が差したんだよ」のように、人を弁護するときには使えても、自分のミスや過ちについて使うと、「自己弁護」「責任逃れ」のように聞こえてしまうのです。

④年齢や地位など、使うための〝資格〟が必要な慣用句

たとえば、若い人が「私の不徳《ふとく》の致《いた》すところです」というのは変ですし、自分がリーダーでもないのに「全員野球でがんばりました」というのも変でしょう。これらの言葉を使うには、年輪や地位などの〝資格〟を必要とするのです。

――というように、日本語、とりわけ慣用句や成句には、辞書にも載っていない細かな注意点が多数存在するのです。

でも、慣用句や成句は、長い年月のなか、生き残ってきた言葉だけに、普通の言葉にはないパワーを秘めています。最大の長所は、言葉ひとつで鮮明なイメージを伝えられることでしょう。単に「うちの課長、細かいんだよ」というよりも、「うちの課長、〝箸《はし》の上げ下ろしにまで口を出す〟んだ」と表現したほうが、課長の姿をよりイメージ豊かに伝えられるはずです。

というわけで、日本人なら、慣用句や成句を豊かに使いこなしたいもの。そこで、この本では、言葉の意味や読み方に加えて、実践的な〝大人の使い方〟を紹介しました。その意味で、この本は、新スタイルの言葉の本に仕上がっていると自負しています。

あなたも、この本で、一目置かれるモノの言い方を身につけていただければ幸いに思います。

２０１１年12月

話題の達人倶楽部

大人の日本語　つい教養が出てしまうとっておきの471語◆目次

Step2

普段使いのことばをワンランク上にする方法……45

Step6
つい教養が出てしまう「四字熟語」の使い方……163

DTP■フジマックオフィス

Step1
できる大人が使いこなす「定型フレーズ」の秘密

1 日常会話で使える基本の言い回し

◎そんなモノの言い方があったのか！

❏語《かた》るに落《お》ちるとはこのことだね

「語るに落ちる」は、なにげなく話しているうちに、うっかり本当のことを言ってしまうこと。「問うに落ちず、語るに落ちる」の略。「語るに落ちるということもあるから、言葉に気をつけて」というように、口が軽い人への警告の言葉としても使える。

❏君の機転が**功《こう》を奏《そう》した**よ

「功を奏する」は本来は、事の成功を君主に奏上すること。そこから、事が成就すること、成功を意味するようになった。「彼のアイデアが功を奏して、難関をクリアできた」「全員野球が功を奏して、納期を守ることができた」などと使う。

❏魔《ま》が差したとしか言いようがない

「魔が差す」は、ふと邪念が起きる、出来心を起こすこと。不始末をしでかした人をかばうときによく用いられ、その場合「ふだんはきちんとした人物です」という意味が言外に込められることになる。一方、自分の不始末に対して、「魔が差しまして」というと、責任逃れのように聞こえるので、慎んだほうがいい。

❏あの二人は気脈を通じている

「気脈を通じる」は、ひそかに連絡を取り、意思疎通していること。いい意味で使われることはなく、ひそかに陰謀を企てたり、よからぬことを話し合っている様子を形容するときに使われる。

❏あいつも隅《すみ》に置けないね

「隅に置けない」は、その人が意外に経験豊かであったり、才能・知識があったりで、侮れないこと。現実社会では、愛人がいるなど、意外に異性にモテていることがわかったとき、「うちの課長も、隅に置けないなあ」などと、冷やかし半分にこの言葉を使う。

❏これでは、彼に合わせる顔がないよ

「合わせる顔がない」は、面目なくて、その人の前に出られない気持ちを表すフレーズ。たとえば、何かで失敗して、期待してくれていた人に会うのが辛いとき、こう言って自責の念を表現する。「立つ瀬がない」「穴があったら入りたい」と言い換えてもいい。

❏彼とは気が置けない仲ですから

「気が置けない」は、気遣いする必要がないこと。「気心が知れている」「気安い」などと同じ意味。なお、「置けない」という否定語につられて、反対の意味に使わないように注意。誤用の多いことが知られているだけに、この言葉を正確に使うと「言葉を知っているな」と思ってもらえるかも。

❏不安をおくびにも出さない

「おくび」は「噯」と書き、げっぷのこと。「おくびにも出さない」は、物事を深く隠して、それらしい様子を見せないこと。単に「不安な様子を見せない」などというよりも、感情や意図を心に深く秘めている様子を表せる言葉。

❏一応解決したとはいえ、しこりが残るだろうね

「しこりが残る」は、わだかまりが残ることを表す表現。「しこり」は、筋肉が凝って固くなった部分。そこから、物事が片づいたあとも、残り続けるわだかまりを意味するようになった。「あいつとは、しこりが残ったままになっている」「A社との関係は、しこりが残ったままだよ」などと使う。

❏そろそろ、社長が業を煮やす頃だぞ

この「業」は、理性によって制御できない心の働きのこと。「業を煮やす」は、事が思うように運ばず、腹を立てること。「失敗つづきで業を煮やす」「部下の体たらくに業を煮やす」などと使う。

❏会社の将来は、君の双肩《そうけん》にかかっているんだ

「双肩」は、もとは左右両方の肩のことだが、重い責任や義務を負うもののたとえとして、「双肩にかかる」「双肩に担う」という形でよく使われる。見出しにしたフレーズは、上司や先輩が若手を励まし、叱咤するときの定番表現。いささか時代がかっているとはいえ、いまなお人を発奮させる言葉といえる。

❏理由は、枚挙《まいきょ》にいとまがない

「枚挙にいとまがない」は、たくさんありすぎて、いちいち数えきれないこと。「あの会社から被った被害は、枚挙にいとまがない」「売れなかった商品は、枚挙にいとまがない」などと使う。数えるのもバカバカしいというニュアンスがあるので、物事や人をけなすときに使うとぴったりくる。

❏お眼鏡にかなったでしょうか

「眼鏡にかなう」は、目上の人に認められることをいう。この「眼鏡」は、物事の価値や善悪を見抜く眼力を意味するので、「お眼鏡にかなう」と言っただけで、相手が高い眼力の持ち主であるとほめたことになる。たとえば、「君は、部長のお眼鏡にかなったようだよ」と言うと、「君」のほか、部長も立てていることになる。

❏彼の後塵《こうじん》を拝するのはなんとしても避けたい

「後塵を拝する」は、他人に先んじられること。「後塵」は、車馬が走ったあとに立つ埃《ほこり》で、それを後ろから見なければならないところから生まれた言葉。現代では、出世競争をめぐってよく用いられ、「いつまでも彼の後塵を拝していて、いいのかね」「ついに後輩の後塵を拝することになった」などと使う。

❏彼にイエスと言わせるには、外堀を埋めるしかない

「外堀を埋める」は、目的を達成するのに、周辺の問題から片づけていくことをいう。ビジネスでは、本命を落とすために根回しをしていくという意味で使われる。徳川家康が大坂城を攻め落とすのに、まず外堀を埋めたことから、生まれた言葉といわれる。

❏コストカットに大鉈《おおなた》をふるう

「大鉈をふるう」は、思い切って、切るべきものは切って整理すること。改革やコストカット、人員整理の際によく使われる言葉だ。「大鉈をふるう」と、おおむね守旧派の反発を買って、悪者にされることが多い。それだけに、実行できる人は少

なく、「誰か、大鉈をふるえる人物はいないのか」など、英雄待望論を語るときにも使われる。

❏新たな鉱脈《こうみゃく》を掘り当てる

「鉱脈」は、有用な鉱物の板状の鉱床のこと。「鉱脈を掘り当てる」は鉱脈を見つけること。そこから、近年では、お金になる新ビジネスを見つけ出したり、創出する意味でよく使われている。「通信ゲームという鉱脈を掘り当てる」など。

❏社長として辣腕《らつわん》をふるう

「辣腕をふるう」は、リーダーの仕事ぶりを賞賛するときの定番句。「辣腕」は、躊躇《ちゅうちょ》することなく、物事を的確に処理する能力。「敏腕」よりは凄味があって、「剛腕」よりは頭が切れるというニュアンスを感じさせる言葉。

❏次の商戦のために、布石《ふせき》を打つ

「布石」は、囲碁の序盤戦で、要所に置く石のこと。そこから、「布石を打つ」は将来のために備えておくことをいう。単に「準備をしておく」「備えておく」というよりも、戦略的なニュアンスを感じさせる言葉といえる。「例のプロジェクトへの布石を打つことを忘れないように」など。

❏彼のブログが**物議を醸《かも》している**

「物議」は世間の批評のことで、「物議を醸す」は世間の論議を引き起こす、とりざたされるという意味。単に「話題になっている」のではなく、「問題視されている」という意味合いで、批判的に使われる。「あのひと言が物議を醸す結果になった」「物議を醸す覚悟で言います」などと使う。なお、「物議を醸し出す」はよくある誤用。

❏**死者に鞭打《むちう》つ**ような真似をするものではない

「死者に鞭打つ」は、死んだ人の生前の言動を非難すること。中国の楚の伍子胥《ごししょ》が、父と兄の仇の平王の墓を暴き、死骸を三百回鞭打ったという故事から。日本では、故人への非難が行き過ぎであると咎《とが》める場合に使われる。「死者に鞭打つとはあんまりじゃないですか」など。

◉自然に使いこなしたいフレーズ

❏今ごろほぞを噛《か》むなんて、遅すぎるよ

「ほぞ」は、へそのこと。自分で自分のへそを噛むことができないように、どうにもできないことがある。そこから「ほぞを噛む」は、力が及ばず、それを悔やむという意味になった。後悔する場面で「後手に回って、ほぞを噛む」「ほぞを噛んでも、もはや後の祭りだ」などと使う。その一方、「あとでほぞを噛まないよう、よく準備しておけ」という警告にも用いられる。

❏まったく、歯牙《しが》にもかけられなかったよ

まったく相手にもしないことを意味する表現に、「歯牙にもかけない」がある。「歯牙」は歯と牙のことだが、この場合は口の端、言葉という意味。まったく相手にされなかったとき、無視されたとき、「歯牙にもかけられなかった」と言えば、その状況をひと言で説明できる。

❏埒《らち》が明かないんだよな

「埒」は物事の区切り。「埒が明かない」は、事態が進展しない、決着がつかない、物事の決まりがつかないこと。「あの話、いまだに埒が明かないんだよな」などと嘆息まじりに使うのが、大人の定番的用法。

❏そのことは潔しとはしない

「潔しとはせず」は、自分の誇りや良心が許さないという意味。実際には、自分の信条や立場を明らかにして、物事を断るときによく使われる。「人の悪口を言うのは、潔しとはしませんので」など。この言葉を用いると、自分の凛とした性格や態度を示すことができるが、その分、「何様のつもり！」という反感を買いやすいことも頭に入れておきたい。

❏その件については、論を俟《ま》たない

「論を俟たない」は、いまさら論じるまでもない、言うまでもないという意味。「わが社の弱点が営業力であることは論を俟たない」「彼が有能であることは論を俟たない」など。話を断定的に押し進めたいときに、使ってみる価値のある言葉。た

だし、「論を俟たないとは言い過ぎじゃないか」と反論を招くおそれも。

❏それ以上、御託《ごたく》を並べるな

「御託」は「御託宣」の略で、神のお告げのこと。「御託を並べる」で、自分勝手な言い分をもったいぶって、クドクド言い募るという意味。「御託を並べる暇があったら、早く言われた仕事をしろ」「君の御託に付き合っている暇はないんだ」などと使う。

❏骨肉相食《こつにくあいは》む争い

「骨肉」は骨と肉、そこから血のつながっている親子・兄弟などをいう。「骨肉相《あい》食《は》む」は、血のつながった肉親同士が争うこと。「骨肉」という言葉の生々しさから、醜い争いというイメージを伴い、「骨肉相食む遺産争い」「骨肉相食んだ末、一家は離散した」などと使う。なお、夫婦は血がつながっていないので、夫婦喧嘩は「骨肉の争い」には入らない。

❏重箱《じゅうばこ》の隅《すみ》をつつくような質問は、やめましょうよ

本質からはずれ、瑣末《さまつ》なことばかり、あれこれ取り上げることが「重箱の隅をつつく」。重箱の中には、さまざまなご馳走が詰め込まれている。そのご馳走に目もくれず、隅っこばかりつついている様子を表した言葉。「そんな重箱の隅をつつくような話でなく、もっと重要な話があるだろう」「重箱の隅をつつくような試験問題」などと使う。

❑いい子ぶっていても、いまに**化《ば》けの皮が剝《は》がれるぞ**

「化けの皮が剝がれる」は、隠していた真実や正体が露呈するという意味。「化けの皮が剝がれないうちに、もっと勉強しておけ」などと使う。

❑あの家は、どうも**敷居《しきい》が高い**

「敷居が高い」は、不義理・不面目なことがあって、その場所に行きにくいこと。「あそこには行きにくくて」と言うよりも、この言葉でボカしたほうが、微妙な人間関係をわかってもらいやすい。また、「高い」という言葉を使っていることで、敷居の高い相手を侮っているわけではないという印象も与えられる。

❏あの会社とは**一線を画**《かく》**した**ほうがいいですよ

「一線を画する」は、境界線を引いて、はっきり区切りをするという意味。「彼とは一線を画しておけ」「過去の製品とは一線を画した新商品です」などと用いる。

❏専務に意見するのは、**虎の尾を踏む**ようなものだよ

「虎の尾を踏む」は、ひじょうに危険なことをするたとえ。「大変に危険だ」「ヤバすぎる」ことを、古典的に格調高く表現した言葉。「そんなことをすると、虎の尾を踏むことになるぞ」のように使う。

❏あの課長が**矢面**《やおもて》**に立つ**なんて、意外だったたな

「矢面」は、敵の矢が飛んでくる正面。そこから、非難や抗議を正面から受ける立場を指し、「矢面に立つ」という形で使われることが多い。「こんなとき、上司である君が矢面に立たなくて、どうするんだ」などと使う。相手に根性や気迫を要求するとき、あるいはその気概をほめたいときに使える慣用句。

❏**火中**《かちゅう》**の栗**《くり》**を拾う**ようなものですよ

「火中の栗を拾う」は、他者の利益のために危険を冒すこと。中国故事ではなく、猿におだてられた猫が、火の中の栗を拾って、大火傷をしたというフランスの寓話から生まれた言葉。「あのもめごとの仲裁に入るなんて、火中の栗を拾うようなものだ」などと、他者のもめごとへの介入をやめさせたいときに使うことが多い。

❏もう**引導**《いんどう》**を渡す**しかないな

「引導」の本来の意味は、葬儀のさい、死者が解脱《げだつ》できるように、僧が法語を与えること。そこから、「引導を渡す」で、最終的な宣告をしてあきらめさせることを意味するようになった。「彼には無理だと引導を渡した」「もう取引はしないと引導を渡した」などと使う。非情な行為も、この言葉で表現すると、「いたしかたないこと」という印象を演出できる。

❏円高つづきで、**薄氷**《はくひょう》**を踏む**ような思いの毎日だ

「薄氷」は、ひじょうに薄い氷。「薄氷を踏む」は、ひじょうに危険な場面にのぞむことのたとえ。薄氷が危険なことは誰もが知っているので、危険度の高さを伝えやすい慣用句といえる。「相場で利益を上げるためには、薄氷も踏まねばならない」

「大丈夫と思っていたのに、まさか薄氷を踏むような事態になるとは」などと使う。

⊙おさえておきたい大人の定番フレーズ

❑あんなに**勿体《もったい》をつける**とは

「勿体」は、態度が重々しいこと、威厳があること。「勿体をつける」は、ことさらに重々しい態度をして、威厳を見せつけること。「あんなに勿体をつけなくても」は、エラそうな相手を陰で評するときによく使われる言葉。

❑ようやく、**かたちにする**ことができた

「かたちにする」は、ビジネスの世界では、まとまりのある形態にするという意味で使われている。たとえばアイデアを口頭で伝えた場合は、その案を企画書にすること。商品開発なら、叩き台になるくらいの見本商品をつくることを意味する。「まだ、かたちになっていない」「かたちにするには、もっとデータが必要です」など。

❑経営改善への**道筋をつける**

「道筋をつける」は、おおよその見通しをつけること。「目鼻をつける」「レールを敷く」「方向性を示す」などと同じ意味。「早く道筋をつけないと、出遅れてしまうよ」などと使う。

❏**言質**《げんち》**を取る**ことを忘れないように

「言質」は、あとで証拠となるような約束の言葉。ビジネスの交渉事は、いわば言質の取り合いといえる。「相手に言質を取られてしまった」「うっかり言質を与えてしまった」などと使う。

❏社長の**意を体**《たい》**して**、会社の改革に手をつけた

「意を体する」は、相手の考えや気持ちを理解し、それに従うこと。「上司の意を体して、交渉の場に向かう」「それは、社長の意を体した行動とは思えませんが」などと使う。

❏その案件は**筋**《すじ》**がいい**かも

「筋」には素質という意味があり、「筋がいい」といえば、本来は素質に恵まれて

いること。ビジネス現場での「筋がいい」は、案件や企画に対して使うことが多く、「筋がいい案件」とは、無理なく実現できたり、将来ビッグビジネスに育ちそうな案件のこと。一方、「筋が悪い案件」は、現実的には、赤字が予想されるというよりも、おもに厄介事が起きそうな案件のこと。

❏先方の責任者に**渡りをつける**

「渡りをつける」は、関係をつけるという意味。ビジネスでは、おもに「アポイントメントをとる」「下交渉をする」という意味で使われる。「向こうには、もう渡りをつけてあるんだろうな」「渡りのつけ方が甘いぞ」などと使う。下品な感じを含むので、仲間内専用の言葉。

❏いまのうちに**唾《つば》をつける**必要があるな

「唾をつける」は、他人に取られないよう、前もって手を打っておくこと。食物に自分の唾をつければ、誰も食べようとしないことから、生まれた言葉。不潔な印象があるので、仲間内専用の言葉ではあるが、その分、他の表現にはない生々しさも含んでいる。「これはと思った人には、早めに唾をつけておくものだよ」「先に唾をつけられてしまってね」など。

❏どうやら、**一線を越えた**ようだよ

「一線」はけじめ、はっきりとした区切りのこと。男女関係を表す場合にも使われ、二人が男女の仲となったときが「一線を越えた」とき。「できたようだよ」では身も蓋もないが、この言葉なら、多少はおさえのきいた大人の表現になる。

❏彼が**一枚噛《か》む**となると、話は変わってくる

「一枚噛む」は、何らかの事柄に分担者として関わること、参画することをいう。「彼にも一枚噛んでもらおう」「部長も一枚噛んだ形にしてくれないか」などと使う。ただし上品な言葉ではないので、使うのは、仲間意識が相当に強い場合に限ったほうがいい。

❏彼には**因果《いんが》を含める**ことにしたよ

「因果を含める」は、事情を説明して納得させること。やむをえない事情を説明して、あきらめさせること。この場合の「因果」には、不運なめぐり合わせという意

味がある。「因果を含めて、計画を断念させる」「ここは、ちゃんと因果を含めないと」などと使う。

❏腰に**爆弾を抱えている**

この場合の「爆弾」は、突然に大きな影響・混乱を与えるものを意味する。腰痛持ちの人は「腰に爆弾を抱えている」ことになる。ビジネスの世界では、「あの銀行は不良債権という爆弾を抱えているから」などと使う。爆弾の威力は誰もが知っているので、危機感を表すのに効果的な言葉。

❏鰻はあの店の鰻丼に**とどめをさす**

「とどめをさす」は、一般には、倒した相手が復活しないように息の根を止めることを言う。その一方、もっとも優れているものを指すこともあり、最高のほめ言葉の一つとなる。「究極の〜」「ベスト」と言うよりも、そのものに惚れ込んでいるというニュアンスを強く表せる。

❏彼も**行間《ぎょうかん》を読む**ことができるようになったな

「行間を読む」は、文章には直接表現されていない筆者の意をくみとること。「この報告書、行間を読みとると、じつはかなり否定的だということだな」「君も、やっと行間を読み取れるようになったな」などと使う。文書では、書き手が本音を隠していることもあるもの。その真意を察するのが、「行間を読み取る」という言葉の真意。

❏君ほどの人物でも、**易《やす》きにつく**のか

「易き」は、容易であること。「易きにつく」は、安易な方法を選ぶこと。そういう、楽なほうを選んだり、怠慢なほうに流されがちな態度や風潮を批判するときにぴったりくる言葉。「易きにつくと、いつまでたっても実力が身につかないぞ」「易きについて、これまでのキャリアを台無しにするのか」という具合。

❏彼も歳をとったせいか、**圭角《けいかく》がとれた**

「圭角」は、玉のとがったところ。そこから、性格や言動にとがったところがある様子を指すようになった。「圭角がとれる」は、その角がとれて円満になること。「円満になった」と同じ意味だが、「圭角がとれる」を使うと、もとはどんな性格だ

ったかもひと言で表せる。

❏かなり、**はかがいく**ようになりました

この「はか」は漢字では「計」や「量」と書き、もとは田植えや草刈りのさい、一人ひとりに割り当てられた分担区画のこと。そこから、仕事の進み具合を意味するようになった。それを使った慣用句「はかがいく」は仕事の能率が上がること。

❏真面目な話なんだから、**半畳《はんじょう》を入れる**な

「半畳を入れる」は、野次ったり、からかったりすること。この「半畳」は江戸時代、芝居小屋にあったござのことで、観客は役者の芸を不満に感じたとき、半畳を舞台に投げ込んだ。からかわれたとき、単に「からかわないで」と言うと相手をさらに図に乗せかねないので、この言葉を使ったほうが効果的だろう。

❏社長は退任後も、会長として**院政《いんせい》を敷《し》く**つもりのようだ

「院政」は、本来の意味は、天皇に代わって、上皇や法皇が主導する政治形態。転じて、組織のトップだった人が、現職を退いたあとも実権を離さず、組織を裏で牛

耳ること。社長退任後の会長のほか、政治家や官僚の世界でもよく使われる言葉で、「老害」に対する批判的なニュアンスを含んでいる。「相談役が院政を敷くような会社は生き残れない」など。

❑彼の報告は、微《び》に入《い》り細《さい》を穿《うが》つものだった

「微に入り細を穿つ」は、きわめて細かなところまで心を配ること。よく気のつく人、観察眼の鋭い人や事柄に対しての肯定的な表現であり、「重箱の隅をつつく」とはまったくニュアンスが異なる。「彼の教え方は微に入り細を穿ったもの」「微に入り細を穿った表現」などと使う。なお「微に入り細に入り」と誤用しないように。

❑○○の可能性を瀬踏《せぶ》みする

「瀬踏み」は、川を渡る前に、瀬が浅いか深いかをあらかじめ調べておくこと。そこから、物事を行う前に、かるく試してみることを指す。仕事ができる人は、交渉であれ依頼であれ、出たとこ勝負ではなく、事前に成否の感触をつかんでおくもの。それが、ビジネス上での「瀬踏み」といえる。

2 一枚も二枚も上に思わせる言い回し

◉一度は使ってみたいことば

❏どうにか糊口《ここう》を凌《しの》いでいるよ

「糊口を凌ぐ」は、貧乏生活の苦しさを巧みに表現した言葉。「糊口」は、「口を糊《のり》する」こと、つまりは粥《かゆ》をすること。そこから、「糊口を凌ぐ」は、粥をやっとすするくらい、細々と生計を立てること。「退職してからは、糊口を凌ぐのがやっとで」「ここ数年、赤字続きのなか、糊口を凌いできましたが」などと使う。

❏側杖《そばづえ》を食うことになってしまいました

「側杖を食う」は、自分は関係ないのに、他者のとばっちりを受けて、災難をこうむること。ケンカする者の側《そば》にいて、打ち合う杖に当たったところから生まれた慣用句。上司に叱られている同僚の側にいて、ついでに叱られたような場合に使う。

❏あのひと言、**溜飲《りゅういん》が下がる**思いがしました

「溜飲」は、胃の消化作用が不調で、胸焼けがしたり、酸っぱい液が出たりすることと。そこから、「溜飲が下がる」は、不平・不満・恨みなどがなくなって、胸がスッとすることをいう。モヤモヤ感が一気に吹っ切れたという気持ちや感覚を伝えるのに、ぴったりくる言葉。

❏いつまで**詭弁《きべん》を弄《ろう》する**つもりだ

理屈に合わないことを強引に正当化しようとする言説が「詭弁」。「そんなの詭弁だよ」「詭弁で逃げるつもりか」などと使う。「詭弁を弄する」という形でも使い、「詭弁を弄したところで、誰もだまされないよ」などと用いる。会議などで、タイミングをうまくとらえて、この言葉を発すれば、相手はグーの音も出なくなるだろう。ただし、その後の人間関係が壊れることは、覚悟のほど。

❏それは、**間尺《ましゃく》に合わない**話ですよ

「間尺」は、工事・工作の寸法。そこから、損得勘定を指し、「間尺に合わない」

は割に合わないこと。「その計画は間尺に合いませんよ」「間尺に合う話にしてください」などと使う。

❑社会の一隅《いちぐう》を照らす人になりなさい

「一隅を照らす」は、社会の片隅にあっても、精一杯努力し、光り輝くような人間になること。学生や若者への期待を込めて使われてきた言葉で、「縁の下の力持ちになる」の高尚な表現といえる。一方、自分のことを「一隅を照らす人」と語るのは不遜になる。

❑A君に発破《はっぱ》をかけたけど、効果はあったのかな

「発破」は、爆薬のこと。「発破をかける」は、爆弾を仕掛けることで、そこから激しい言葉をかけて、奮い立たせることを意味する。「喝を入れる」「叱咤激励する」と、ほぼ同じ意味。

❑しばらく見ない間に、長足《ちょうそく》の進歩を遂《と》げたね

「長足」は、物事の進み方が早いこと。通常、「長足の進歩を遂げる」という形で

使い、大きく成長したという意味。成長の早さに目を見張っているという気持ちのこもる言葉で、相手の努力へのほめ言葉になる。「あれだけ長足の進歩を遂げられると、こちらが努力しても追いつけない」などと使われる。

❏悪行を白日《はくじつ》の下《もと》にさらす

「白日」は、照り輝く太陽。「白日の下にさらす」は、隠れていた物事を世間に明らかにすること。たいていは、悪事や醜い行為が暴かれたときに使われる。「暴く」「公開する」「公にする」といった表現もあるが、この言葉を使うと、より劇的なイメージを演出できる。

❏わが社の面目《めんぼく》を施《ほどこ》す活躍

「面目を施す」は、世間の評判を高めること、少なくとも落とさずにすんだこと。「面目が立つ」が体面が保つ程度のことに対して使うのに対し、「面目を施す」はより大きな出来事に対して使う。「わが校の面目を施す大活躍」「営業部長としての面目を施すことができた」など。

❏鎬《しのぎ》を削《けず》る歳末商戦

「鎬」は、日本刀の刀身の一部。「鎬を削る」は、互いに刀の鎬を削り合うように、激しく争うことをいう。競争や戦いの激しさ、激烈さを表すのにぴったりの慣用句で、「鎬を削る選挙戦」「新技術の開発に、各社が鎬を削っている」などと使う。

❏あと一歩で、死命《しめい》を制することができます

「死命を制する」は、死ぬか生きるかの境目で、急所を押さえ、その運命を自分の手に握ること。国際政治や企業競争などでよく使われる言葉。「このままでは、ライバル企業に死命を制せられてしまいます」「あと一歩で、専務派の死命を制することができます」など。

❏ライバル企業の地盤に楔《くさび》を打ち込む

「楔」は、木材や石材を割ったり、広げたりするときに用いるV字型の道具。そこから、「楔を打ち込む」は、敵陣の中に攻め込み、勢力を分断すること、あるいは、他の勢力範囲内に地盤を築くことを意味する。「業界の二強に楔を打ち込む」「ライバル会社の得意分野に楔を打ち込む」など。

❏約束を破ったことを認めないなんて、**盗人猛々しい**《ぬすっとたけだけしい》

「盗人猛々しい」は、悪事を働きながら素知らぬ顔でいたり、悪事を咎められたとき、逆に居直ったりする人を罵る言葉。盗みやウソ、義理人情を欠く行為などに用いる。「契約を守らず開き直るなんて、盗人猛々しいにもほどがある」などと使う。

◉知的に思われるちょっとしたひと言

❏いたずらに**馬齢**《ばれい》**を重ねる**

「馬齢」はもとは文字どおり馬の年齢のことで、転じて自分の年齢を卑下して言う言葉。「馬齢を重ねる」は、たいしたこともせず、ただ歳をとったことを謙遜する言葉。年配者が「馬齢を重ねてしまい」と口にすると、年の功を感じさせるものだ。

❏あなたのアドバイスで、**愁眉**《しゅうび》**を開く**ことができました

「愁眉」は、心配のためにしかめる眉、心配そうな顔つきのこと。「愁眉を開く」は、心配がなくなり、ホッとした顔つきになること。「安心する」「ホッとする」を

格調高く表現した言葉といえる。「まだ、愁眉を開くほど、状態は好転していない」「夫の病状が快方に向かい、ようやく愁眉を開くことができました」などと使う。

❏**言《げん》を左右にする**ばかりで、本音を言わないんだ

「言を左右にする」は、あれこれ言うのだが、肝心なことをはっきり述べないこと。「言を左右にして逃げてばかりいる」などと使う。優柔不断で決められない人をなじるよりも、小ずるく立ち回ろうというタイプを責める場合に使うことが多い。

❏それは、**屋上屋《おくじょうおく》を架《か》す**ことになりませんか

「屋上屋を架す」は、屋根の上にさらに屋根をかけることで、不用で無駄なことをするたとえ。単に「無駄」というよりも、屋根の上に屋根をつくるという〝絵〟が浮かぶので、その分説得力が増す。「屋上屋を架すような新組織」「屋上屋を架すような議論」などと使う。

❏その話、**平仄《ひょうそく》が合わない**ですよ

「平仄」は、漢詩をつくるときの平声字《ひょうしょう》と仄声字《そくせい》の規則的な配列のこと。「平仄

が合わない」は、平声字と仄声字の配列が合わないことで、そこから物事の筋道が合わないという意味が生じた。「辻褄が合わない」とほぼ同じような意味。

□社長としての鼎《かなえ》の軽重《けいちょう》を問われている

「鼎」は、古代中国の金属器。ある愚かな王が鼎の大小・軽重を尋ねたという故事から、人や国家の実力を疑うことを「鼎の軽重を問う」というようになった。政治や歴史談義でよく使われる言葉で、大きな国際事件が起きたときなどには、「首相の鼎の軽重が問われる」ことになる。

□あの会社は有卦《うけ》に入《い》っているようですね

「有卦」は、陰陽道《おんみょうどう》で、運勢が吉運の年回りのこと。「有卦に入る」は、幸運にめぐりあって、やることなすことうまくいくこと。「絶好調」「繁盛している」とほぼ同じような意味。「有卦にはいる」と読まないように。

□旧友と久闊《きゅうかつ》を叙《じょ》すため、東京へと向かう

「久闊」は、長い間、会わないこと。また、便りをしないこと。「叙す」は述べることで、「久闊を叙す」は久しぶりに会って挨拶を交わすこと。「長年、会うことはなかったが、心の中では大事に思ってきた旧友と再会した温かな気持ち」をひと言で表せる。ただ、時間の経過がある程度必要なので、若い人が使うと、少し変。

❑人口《じんこう》に膾炙《かいしゃ》した作品

「人口に膾炙する」は、人々の話題にのぼって、もてはやされ、広く知れ渡ること。「膾」はなます、「炙」はあぶり肉のことで、ともにおいしくて、人の口に合う。そこから「人口に膾炙する」は、誰の口にも合うという意味になり、やがて今の意味が生じた。「世に知れ渡る」を格調高く表現した言葉であり、「人口に膾炙した小説」「もっと人口に膾炙するような企画はないのか」などと使う。

❑理解を得るため、委曲《いきょく》をつくして説明する

「委曲」は、詳しいこと。「委曲をつくす」は、事情・状況について、詳しく明らかにすること。念入りに細かく説明する様子を表し、誠実に話を進める際に使うことが多い。「まずは、委曲をつくして説明を求めます」「委曲をつくした説明をしないと、反感を買うだけですよ」などと使う。

Step2

普段使いのことばをワンランク上にする方法

1 人間関係をスムーズにすることば

◎前フリに使えることば

❑老婆心《ろうばしん》ながら申し上げますと

人にアドバイスしたり、注意するときに、「おせっかいだとは思いますが」というへりくだる気持ちをこめて使う定番フレーズ。「老婆心」の本来の意味は、老婆が孫を大事にするように、仏道の師が弟子を思いやり、指導する心のこと。今では「不必要なまでの親切心」という意味で使われている。

❑逆説的にいいますと

「逆説的」は、普通とは逆の方向から考えを進めたり、逆の言い回しで物事を説明するさま。実際には、逆の方向からだけではなく、ちょっと方向をずらした程度でも使う。この言葉で話を切り出すと、視野の広さや思慮の深さをアピールできることもあるが、そのためには逆説的な説明を用意することが必要になる。「いささか逆説めきますが」といった使い方もできる。

❏蛇足《だそく》ながら、少々付け加えますと

自分の付け足しの言葉をへりくだって言う言葉が、「蛇足ながら」。「蛇足」は、余分なもの、不要なものという意味。昔、中国で蛇の絵を描く競争があったとき、一番早く描いた者が時間を持て余し、足まで描いて「それは蛇ではない」と指摘され、失敗したという話から生まれた言葉。なお、「蛇足ながら」と言ったあとに、長々と話をつづけると、顰蹙《ひんしゅく》を買いかねないので手短に。

❏巷間《こうかん》伝えるところによれば

「巷間」は、街中、世間のこと。「ちまた」を熟語に言い換えた言葉。「巷間伝えるところ」は、世間の多くが言うには、といった意味で、一般世間の評判や噂を語るときの定番表現。「巷間」は、「今、巷間で取り沙汰されているのは」「巷間に流れている噂によると」などとも使う。

❏仄聞《そくぶん》するところによれば

「仄聞」は、噂などが少し耳にはいること。人づてにちょっと聞くこと。今では「仄聞するところによれば」という形で、話の前フリに使うことが多い。「仄聞するところによれば、あの会社、社長が交代するようですよ」などと使う。

❏話の腰を折るようで申し訳ありませんが

「腰を折る」は、相手の話を途中で妨げるという意味の慣用句。「話の腰を折るようで申し訳ありませんが」は、相手の話を途中でいったん終わらせ、話題を切り替えたいときの常套句であり、また、「人の話の腰を折らないでくださいよ」のように、話の邪魔をする者を制するときにも使える。

❏あえて極論すれば

「極論」は、極端な論議、つきつめたところまで論議すること。論点をはっきりさせたいとき、この言葉で切り出すと、聞いている人の関心を引きつけることができる。また、「そんなの極論だよ」という批判を、先手を打って封じることもできる。「いささか極論めきますが」は、そのバリエーション。

❏暴論を承知で言えば

世の中、ときには乱暴な意見を吐かねばならないときがある。そんなときに使えば、自分自身、暴論と認めながら、あえて言うという雰囲気を演出できる。何らかの狙いか、切羽詰まった思いがあって、言うつもりだなと思ってもらえる。

❏憚《はばか》りながら

「憚る」は、相手に気兼ねする、遠慮するという意味の動詞。これが副詞化したのが「憚りながら」で、本来は遠慮すべきことかもしれないが、あえて言うときの前置きになる。目上の人に意見するときや、自分を誇示するような話をするときに「憚りながら、私も山の手育ちなので、少々申し上げますと」などと使う。

◉正しい謙遜のことばを知っていますか？

❏末席を汚《けが》させていただきます

「末席」は、下位の席のこと。「末席を汚す」は、自分がある集団に加わったり、会合に出席することをへりくだっていう言葉。若手が口にすれば単に謙譲の言葉だが、その集団で中堅以上になってから、謙遜してこの言葉を使えば、かえって存在感を演出できる場合もある。

❏寡聞《かぶん》にして存じませんが

「寡聞」は、見聞が浅く狭いこと。「寡聞にして知りませんが」「寡聞にして存じませんが」は、自分が知らないことを謙遜していう大人の定番句。「よく知らないので」を大人っぽく言い換えたフレーズといえる。

❏浅学非才《せんがくひさい》の身ながら、お役に立てれば幸いです

「浅学非才」は、学問や知識が浅く、才能がないこと。自分の学識や才能をへりくだっていう言葉。たとえ学問や才能に自信があっても、謙遜の姿勢を表したいときに使う。一方、他者に対して使うと、それが本当のことであっても、失礼極まりない。

❏不肖《ふしょう》、この田中が務めさせていただきます

「不肖」は、愚かなこと、才能のないこと。口語では、自分のことをへりくだって、自分の名前や一人称につけて使われる。「不肖ながら、お引き受けいたします」「不肖、田中、覚悟を決めてやり通す所存です」など。決意のほどを表すのにも適した言葉。

❏僭越《せんえつ》ながら、ご指名に従いまして

「僭越」は、身分や権限を越えて、差し出がましいことをすること。晴れの場でスピーチが回ってきたとき、へりくだって使う定番表現が「僭越ながら」。上司、目上に対して直言するときにも使える。

◎喜怒哀楽を表すフレーズ

❏望外《ぼうがい》の喜びです

「望外」は、望んでいた以上のよい結果があること。思いもよらなかったほど、良い結果に恵まれるという意味。「望外の幸せです」「望外の結果を得られまして」のように使う。

❏このたびのご不幸、**身につまされる**思いです

他人の不幸に同情するときの定番表現の一つが「身につまされる」。他人の不幸がわがことのように思えることを表し、同情と哀しみを大げさではなく、しみじみと伝えることのできる大人の表現。「身につままれる」と誤用しないように。

❏**憤懣《ふんまん》やるかたない**思いです

「憤懣やるかたない」は、怒りを発散できずにイライラすること。腹が立ってどうにも我慢できない気持ちであること。「怒り狂っている」「腹の虫がおさまらない」を、多少は紳士的に表した言葉といえる。

❏わが社の将来について、**寒心《かんしん》に堪《た》えない**

「寒心」は、恐ろしいことに遭い、ゾッとすること。「寒心に堪えない」は、世や人のことについて、将来どうなるか心配で、ゾッとすること。「わが子ながら、あの出来では寒心に堪えない」などと使う。

❏喜びも**ひとしお**です。

「ひとしお」は、「一段と」や「いっそう」を品よく言い換えた言葉。「寒さがひとしお厳しくなったきた」「感慨もひとしおです」などと使う。もとは、染め物を染め液に一度浸《ひた》すことを指し、そこから、他の場合と比べて、程度が増すさまを意味するようになった。漢字では「一入」と書く。

❏彼を解雇にするのは、まさしく**断腸《だんちょう》の思い**だった

「断腸の思い」は、つらく悲しい気持ちをアピールしたいときに用いるフレーズ。「断腸」は、はらわたを断つこと。昔、中国で、捕らえられた子猿を必死に追いかけてきた母猿が、追いついたところで息絶えた。猟師がその腹を割くと、はらわたがズタズタに切れていたことから生まれた言葉。「断腸の思いですが、御社との関係はこれまでにします」のように、相手に対してひどい仕打ちをしたときのエクスキューズとして使える。

❏**度《ど》し難《がた》い**身勝手さだ

「度し難い」の「度」は「済度《さいど》」のこと。「済度」は、苦しんでいる人々を救い、

悟りの境地に導くことを意味する仏教語で、「済度し難い」は人々を悟りの境地に導き、救うことなど、とてもできないという意味になる。それから「済」の字がとれた「度し難い」は、堪忍袋の尾が切れるような相手に対して、怒りを表すときに用いる言葉。「これほど度し難いとは思ってもいなかった」などと使う。

❏まったく、あいつには何度**煮《に》え湯《ゆ》を飲ませられた**ことか

「煮え湯を飲ませられる」は、信頼していた者に裏切られ、ひどい目にあうこと。「煮えたぎった湯」というわかりやすいイメージから、ひどい裏切りがあったことや、裏切られた悔しさをひと言で表せる慣用句。

◉できる大人は自分の意思・決意をこう伝える

❏不退転《ふたいてん》の決意をもってやり抜く所存です

「不退転」は、屈しないこと、固く信じて変わらないこと。「不退転の決意」という形で、決意のほどを示す言葉として使われる。「不退転の決意で改革に臨む」「社長には不退転の決意があるのだろうか」など。ただし、この言葉を口にしたら、よ

ほど本気で取り組まないと、「結局は口だけ」と言われることになる。

❑～という**自負があります**

「自負」は、自分の才能や仕事に自信を持ち、誇らしく思うこと。自分のことを認めてほしい、自分の力をアピールしたいと思ったときに使う言葉。「するだけのことはしてきたという自負はあります」などと使う。実績や努力を伴わないと、大それたアピールだと反感を買いかねないが、最低限やる気を見せることはできる。

❑**可及的速《かきゅうてきすみ》やかに**行います

「可及的」は、なるべく、できるだけという意味。「可及的速やかに」は、できるかぎり速くという意味。「すぐに行います」を大人っぽくした表現であり、急いで行う姿勢を示すときの常套表現。ただし、乱発すると官僚的に聞こえかねないので、使っていい場面を読むことが必要。

❑まずは、**叩《たた》き台**をつくってみます

「叩き台」は、よりよい案を得るための原案のこと。それに批判・検討を加えて、

さらにすぐれた計画・企画に練り上げていく土台であり、「原案」というよりも現場の臭いが漂う言葉といえる。自分のプランを批判されたときには、「これは、叩き台ですので」と言って逃げるときにも使える。

❏協力するのに**やぶさかではありません**

「やぶさか」は、物惜しみをする気持ちのこと。打ち消しの言葉を伴った「やぶさかではない」は、「～する努力を惜しまない」「喜んで～する」という肯定表現になる。「喜んで協力しましょう」よりも重みがある言葉なので、大人っぽく積極的な意思を示すことができる。

❏まだ望み**無きにしもあらず**です

「無きにしもあらず」は、そうなる可能性は少ないものの、まったくないとはいえない状態。数字にすれば、確率数パーセントから十数パーセントといったところだろう。「回復の望み、無きにしもあらずだ」「逆転の望み、無きにしもあらずといったところです」というように使う。

◎そんな受け答えがあったとは！

❏そこは推《お》して知るべしということにしておきましょう

「推して」は、推量して、推し量ってという意味で、「推して知るべし」は少し想像して考えれば、容易にわかるという意味。不躾な質問をされたときに、この言葉で応じれば、それ以上語らなくてもすむ。

❏欲を言えば、もう一工夫欲しいですね

「欲を言えば」は、今の状態でも、ほぼ不足はないのだが、なおいっそうの改善を望むならば、という意味。仕事では、取引先などの努力・工夫を認めつつ、さらなる改善を促したいときに使うと便利。こう言えば、相手はムッとすることもなく、聞く耳を持ってくれることだろう。

❏いまのところ、子細《しさい》ありません

「子細ない」は、別状ないという意味。「子細なく進行している」などと使う。ま

た、差し支えないという意味もあり、「乗り遅れても子細ありません」のように使う。「問題ありません」というよりも、言葉を知っているように聞こえる表現。

❑満更《まんざら》でもない結果でした

「満更でもない」は、よくないわけではないこと。「満更」はまったくダメなさまのことなので、それに否定語を付けて肯定の意味になる。「満更悪い気分はしない」などと使う。また、この言葉は、謙遜に見せかけて、自慢したいときにも使える。たとえば、「学生時代、数学は満更苦手でもなかったんですよ」と言えば、数学が得意だったことを多少の謙虚さを交えて伝えられる。

❑その件については、曰《いわ》く言いがたしといったところだ

「曰く言いがたし」は、事情が複雑で、言葉では簡単に表せないこと。「ワケありでね」を、格調高く言い換えた言葉といえる。「曰く言いがたい事情があるので、ご勘弁のほど」「曰く言いがたい一件なので、手短には説明できないよ」などと用いる。

❑〇〇なんて以《もっ》ての外《ほか》の話だ

「以ての外」は、常識やルールを越えて、程度がはなはだしく悪いさまをいう。「言語道断」とほぼ同じ意味で、現実では、相手の許せない振る舞いを咎め立てるときに使う。「そんなの、以ての外だね」「以ての外の話だよ」など。

❑〇〇なんて何をか言わんやだ

「呆れて物が言えない」という気持ちを表すときに使うのが「何をか言わんや」。「何をか」の「か」は反語で「～だろうか、いや～でない」という意味。「言わんや」の「や」も反語で、反語を二つ重ねることで、「あり得ない」という気持ちを強く表現するフレーズ。「今さらそんな話を蒸し返されても、何をか言わんやだね」などと使う。

⦿教養を感じさせるさりげないことば

❑かりそめにも、人の上に立つ身である以上

「かりそめにも」は、いやしくも、少なくとももという意味。「かりそめにも、先生

と呼ばれる立場なのだから」などと使い、その地位にふさわしくない行動を諌《いさ》めるときによく使われる。また、最後に打ち消しの言葉を伴って、「けっしてしない」「どんなことがあってもしない」という意味にも使われる。「かりそめにも、計画の撤回はない」「かりそめにも裏交渉はしない」という具合。

❑彼を**以《も》てしても**、その解決は不可能でしょう

「以てしても」は、「であったとしても」という意味。そのあとに打ち消しの言葉を伴って「できない」という意味となる。「～を以てしても」という形で使うが、ポイントになるのは「～」に入る人や物。その人がいかにすぐれ、その物がいかに素晴らしくても不可能と言っているのだから、その人や物を高く評価していることを合わせて伝えられる。「現代科学を以てしても」「最高の技術を以てしても」など。

❑**ゆくりなくも**幼馴染みのことを思い出しました

「ゆくりなく」は、思いがけず、不意にという意味。「旅先で、ゆくりなくも幼なじみと出会った」「古いレコードをかけていたら、ゆくりなくも学生時代の彼女を思い出した」などと使う。会話よりも、文章の格調を高めたいときに使いたい、や

や詩的な感じのする副詞。

❏畢竟《ひっきょう》、この案件は進めるしかないと思います

「畢」も「竟」も終わるという意味で、「畢竟」は物事や考えを押し進めて、最後に到達するところ。結局、要するにという意味。「つまるところ」「煎じ詰めれば」と同じ意味だが、言葉の格調は「畢竟」のほうが上。

❏ひねもす、家でのんびり過ごしておりました

「ひねもす」は、朝から晩までという意味。「一日じゅう」「朝から晩まで」という意味だが、この言葉を使うと、風流な感じを醸し出せる。「日がな一日」も同じ意味だが、「ひねもす」のほうが、よりのんびりしていて詩的な趣がある。「春の海ひねもすのたりのたりかな」という与謝蕪村の句が有名。

❏相対的に見れば、そう悪い数字ではないと思いますが

「相対的」は、他と比較したうえでの様子。この言葉を話に折り込むと、広い視野で物事を見ているように思わせることができる。「絶対的に見れば小さな数字でし

ようが、他社との比較で相対的に見れば、抜きんでた数字なのです」「一見、増加傾向のようですが、相対的には増加しているとは言えません」という具合。

❏紛《まご》うことなく、本物です

「紛う」は、区別できないほどよく似ていること。「紛うことなく」は、間違いなく、明らかにという意味で、「正真正銘の」とほぼ同じ意味。文語的な響きがあるため、改まった場で使うと、しっくりくる言葉。

❏御《ご》多《た》分《ぶん》に洩《も》れず、景気が悪くて

「御多分に洩れず」は、他と同様、例外ではなく、という意味。雑談で、世間話をふったり、かるい愚痴をいうのに、便利な言葉。「御多分に洩れず、小社も不景気で」「御多分に洩れず、うちの部署も経費削減で」などのように。

❏あたら有望な人材を失うことになったよ

「あたら」は、惜しいことに、もったいなくも、という意味。立派なものが失われたことを惜しむとき、この言葉を添えると、無念の気持ちを強く表せる。「あたら若い命を落とすことになって」「社内事情に足をとられて、あたら商機を逸することになった」などと使う。

❑なにはともあれ、よかったじゃないですか

「なにはともあれ」は、他のことはどうであろうとも、ともかくという意味。話が長引いたり、相手が愚痴をこぼしたときなどに、その場を明るい方向におさめるのに便利な言葉。また、「なにはともあれ、挨拶はきちんとしろ」など、部下や後輩に説教するときにも使える。

❑のべつ幕《まく》なし、喋り続けられて閉口したよ

「のべつ幕なし」は、休みなくつづくさま。「のべつ」は絶え間なくつづくことをいい、芝居で幕を下ろさずに演じつづけるところから、この意味が生まれた。うんざりするようなお喋りなど、絶え間なくつづくことに対する不快感を示す言葉。

❑願《ねが》わくは、御社の繁栄が末永くつづくことを

「願わくは」は、もとは漢文の訓読に由来する言葉で、ひたすら願う様子。「願わ

くば」ともいう。会話では、冒頭にこの言葉を使ったのち、願っている事柄を述べる。スピーチや乾杯の音頭などで、「願わくは、この計画が成就せんことを」というように使うと、印象的なフレーズになる。

❏さしもの課長も、部長にはかないませんよ

「さしもの」は、さすがのという意味。打ち消しの言葉を伴って、さすがの人物にも不可能なことがあるという表現にすることが多い。「さすが」を連発するよりも、ときどき「さしもの」を使うと、耳に新鮮な分、ほめ言葉としてのインパクトが増すかも。

❏まかり間違えば、死ぬところだった

「まかり間違う」は、万が一間違えば、大変なことになった場合に用いる言葉。「まかり間違えば、大惨事になるところだった」はマスコミの定番表現。一方、「まかり間違っても」は、「まかり間違っても失敗することはない」というように、どんなに間違えても大丈夫という意味で用いる。

□言《い》うに事欠《ことか》いて、そんなことを口にしてはおしまいだ

「言うに事欠く」は、相手の失礼な物言いをとがめるときに使うフレーズ。「事欠く」は不十分という意味で、「ほかにも言い方があるだろうに、よりにもよってそんな言い方はないだろう」といったニュアンスを含む。他にも言い方があることを指摘することで、不快感を強くアピールする効果がある。「言うに事欠いて、今の言葉は何ですか！」などと使う。

□ありていに言えば、わが社のガンは○○専務ですよ

「ぶっちゃけて言えば」を大人の言葉で言い換えると、「ありていに言えば」。「ありてい」は「有り体」と書き、ありのまま、嘘偽りのないこと。「ありていに言えば、いま一番の問題なのは」などと使う。おおむね、このフレーズの後ろには、ふだんは口にしにくいことを続ける。

2 お願い、お詫び、反論…の決め手フレーズ

◎お願いする・感謝するときのことば

❏先日は、**一方《ひとかた》ならず**お世話になりました

「一方」は、普通の程度であるさま。「一方ならず」はその否定形なので、普通ではない、ひじょうにという意味。お礼を言うときにこの言葉を使うと、〝一方ならず〟大人っぽく聞こえる。「一方ならぬご厚意に感謝します」などと使う。

❏お心遣い、**かたじけなく**存じます。

「かたじけなく」は、感謝にたえない、恐縮だという意味。相手の好意に対して、感謝の気持ちを示したいとき、単に「ありがとうございます」では、物足りないケースもある。そんなとき、「かたじけなく」を使うと、より強い感謝の気持ちをこめられる。

❏このご恩、徒《あだ》や疎《おろそ》かにはいたしません

「徒や疎か」は、他人の恩恵や物の価値を軽視すること。それに打ち消しの言葉をつけると逆の意味になり、ひじょうに大事にすること。改まった場で感謝を述べたいときに使う定番表現。「そのお言葉、徒や疎かにはしない所存です」「頂戴した品、徒や疎かにはしません」などと使う。

❏蒙《もう》を啓《ひら》かれた思いがします

「蒙を啓く」は道理に暗い人を教え導くこと。つまりは、啓蒙すること。実際には「(自分の)目を開かれた」という意味で、こういうことが多い。上司に指摘を受けたとき、この言葉で応じれば、多少は日本語を知っていると思ってもらえるはず。

❏後学《こうがく》のために、お聞かせいただきたいのですが

「後学」は、将来、自分のためになる知識や学問。「後学のために」は、上司や先輩に教えを乞うときの常套句の一つ。こう前置きしてから尋ねると、向上心のある人間と思われ、上司や先輩の心証がよくなるかも。

⊙相手の背中をポンと押すひと言

❏いまこそ、**ルビコンを渡る**ときです

「ルビコンを渡る」は、重大な決意をすることのたとえ。古代ローマの英雄カエサルは、ガリアから帰還する途中、ルビコン川を前にして、元老院勢力との対決を決意する。彼が「賽は投げられた」と叫び、ルビコン川を渡ったところから、この言葉が生まれた。「賽は投げられた」もほぼ同じ意味で、ともに大きな決断を表すのにふさわしい言葉。

❏ここは**一矢報《いっしむく》いる**べきです

「一矢」は一本の矢、「一矢を報いる」は、相手の攻撃に反撃や反論を加えて、わずかでも仕返しをすること。やられっぱなしのときに、味方を鼓舞するのにぴったりの言葉。「一矢でも報いておけば、巻き返しを図れます」「一矢も報いないと、ますますなめられてしまいますよ」などと使う。

❏今は、小異《しょうい》を捨てて大同《だいどう》につくときです

「小異を捨てて大同につく」は、細かな違いはあっても、大筋で一致しているところをとって協力すること。ビジネスの場面では、物事の細部がなかなか決まらず、先に進めないときなどに、説得用に使われるフレーズ。「小異を捨てて大同につくことで、最終的にはこちらの希望もかなうはずです」など。

❏焦眉《しょうび》の急《きゅう》を告げています

「焦眉」は、眉をこがすほど、火が身近に迫っていること。そこから、「焦眉の急」は、危険がひどく迫っていること、状況が切迫していること。「事態は焦眉の急を告げています」などと使う。ギリギリの切迫感を感じさせる言葉で、「緊急事態」「切迫している」と言うよりも、危機感を伝えやすい。

❏ここは、死中《しちゅう》に活《かつ》を求めるべきです

「死中に活を求める」は、絶望的状況のなか、切り抜ける方法を探し求めること。危機に陥り、あきらめがちな仲間を奮い立たせたいときに威力を発揮する言葉といえる。「死中に活を求めるなら、無用なプライドを捨てることです」などと使う。

❏断《だん》じて行えば鬼神《きじん》も之《これ》を避《さ》くといいますから

「断じて行えば鬼神も之《これ》を避く」は、強く決心して実行すれば、鬼神も道を避けてくれ、意思どおりに進めること。弱気になっている人、優柔不断で物事を決められない人を励まし、その背中を押すために使うといいだろう。「鬼神も之を避く」といういささかオーバーな表現が、相手を奮い立たせるかも。

◉心にささるお詫び・言い訳フレーズ

❏まことに遺憾《いかん》に思います

「遺憾に思う」は、心残りで残念だという意味。大人社会では、〝軽い謝罪〟を表すフレーズとして使われている。「責任を全面的に認めるわけではないが、とりあえず残念には思う」という逃げ口上としてもよく用いられる。そのため、明らかに自分側に落ち度がある場合に使うと、責任逃れのような印象を与え、相手の心情を逆なですることになりかねない。

❏衷心《ちゅうしん》より、深くお詫び申し上げます

謝罪するときの定番表現の一つが、「衷心より」。「衷心」は、心の中、心の底という意味。「心から」という表現もあるが、改まった場では「衷心より」のほうが、謝り方をわきまえた大人の言葉に聞こえる。

❏すべては、私の不徳《ふとく》の致すところです

「不徳の致すところ」は、自分の不徳によって好ましくない事態になったことを認める言葉。自分の失敗を謝罪し、責任転嫁しない姿勢を示すさいの大人の常套句。「大変申し訳ありません」を何度も連発するよりも、この言葉を使ったほうが、お詫びの表現として重々しく聞こえる。ただし、この言葉を使うには、ある程度の貫禄が必要で、若い人が使うと、かえって生意気に聞こえかねない。

❏このたびの失敗は、まさしく汗顔《かんがん》の至《いた》りです

「汗顔」は、顔に汗をかくほど、恥ずかしく思うこと。「汗顔の至り」という形で使うことが多い。人に謝るとき、「大変申し訳ありません」「深く恥じています」といった言葉とともに、この言葉を用いると、表現に重みを加えられる。

❏内心、**忸怩《じくじ》たる思い**です

「忸怩」は、深く恥じ入ること。「大変に恥じています」「情けなく思っています」と表現するよりも、痛切な気持ちを伝えやすい。「忸怩たる思い」という形で使うことが多く、「このたびの失敗には、忸怩たる思いをしております」など。

❏あのときは、**若気《わかげ》の至り**で、申し訳ありませんでした

「若気の至り」は、歳が若くて血気にはやったため、無分別な行いをしてしまうこと。単に「若かったので」というよりも、「若気の至り」というと、「今はそれが理解できる大人になりました」というニュアンスを言外に含むので、若い頃とは違う自分であることを暗に示すことができる。

❏**よんどころない**事情がありまして

「よんどころない」は、「よりどころなし」が変化した言葉で、そうする以外にはどうしようもない、やむをえないという意味。大人社会では、何かを断るときに、「よんどころない事情がありまして」と、理由をぼかした言い方をするもの。「やむ

をえない事情」と言うと、事情を尋ねられかねないが、「よんどころない事情」と言うと、察してもらいやすい。

◉反論・非難するときのちょっとした言い回し

❏それは、為《ため》にする論議ではありませんか

「為にする」は、何か下心があって、事を行うこと。本来の目的とは別の目的の為に、何かをすること。裏に何らかの思惑、策謀がありそうなときに発すると、相手の痛いところをつける可能性が高い言葉。

❏それは、看板に偽りありでしょう

「看板に偽りあり」は、見かけは立派だが、内容に乏しいこと。「看板倒れ」「羊頭狗肉」と同じ意味で、「見せかけだけではないか」と非難するときに使う。「看板に偽りありでね。説明と中身がまったく違ったよ」などと使う。

❏その話、腑《ふ》に落ちないところがあるのですが

納得できないとき、率直に「納得できない」というと、角が立つこともある。そこで代わりに使いたいのが、「腑に落ちない」。「腑」は、はらわた、心の底のことで、「腑に落ちない」は納得がいかない、合点がいかないという意味。気がかりな点があるときには、「その点が少々腑に落ちないのですが」と言えばよい。

❑まったく、**二の句が継げない**よ

「二の句」は、次に言いだす言葉。「二の句が継げない」は、次に言い出す言葉が出てこないほど、呆れて開いた口がふさがらないこと。「こんな凡ミスをするとは、二の句が継げないね」などと使う。「開いた口が塞がらない」とほぼ同じ意味。

❑すでに、**底が割れている**よ

「底が割れる」は、何らかの意図など、隠しておきたいことが知れていること。「取り繕ったところで、すぐに底が割れるものですよ」「そんな底が割れた話は、もうしないほうがいいよ」などと使う。ときには、相手の話を論破したいとき、「あなたの話は、もう底が割れているんですよ」と一喝するのも手。

❏そんな**身も蓋《ふた》もない**言い方はないでしょう

「身も蓋もない」は、表現が露骨すぎて、含みも情緒もないこと。不用意な発言を咎めたいときに使える言葉。「身も蓋もない発言は、控えなさい」などと使う。

❏**答えは一つではない**でしょう

「答えは一つではない」は、ほかに答えがあるかもしれないこと、複数の答えがあるかもしれないこと。会議などで、一つの方向に物事が決まりそうなとき、反論するのに適した言葉。また、部下にいろいろ考えさせたいときにも使える。いずれにせよ、この言葉を使うと、視野の広さや視点の豊かさを示すことができる。

❏**益体《やくたい》もない**話ばかり、しないでくれ

つまらない話を否定したり、断るとき、強く言いたいなら、「益体もない」と表現するといい。「益体」は、整っていること、秩序立っていること。それを否定した「益体もない」は、何の役にも立たない、つまらないという意味。単に「つまらない」「役に立たない」と言うよりも、強く響く表現。

□そんなふざけた話、**片腹痛《かたはらいた》い**よ

「片腹痛い」は、身のほどを知らない相手の態度がおかしくてたまらないこと。ちゃんちゃらおかしいこと。なお、よく似た語に「傍《かたわ》ら痛い」があるが、こちらは傍らで見ていられないほど気の毒という意味で、嘲り言葉ではない。

Step3

「漢字」を知れば、面白いほどボキャブラリーが増える！

1 間違って使うと恥ずかしい漢字

◎読んでみよう！　使ってみよう！——基本編

□約束を反故《ほご》にする

「反故」は、書き損なって不要になった紙。そこから「反故にする」は、役に立たないものにすること、なかったことにすること。「約束を反故にする」といえば、約束を破ることを意味する。「契約を反故にする」「条約を反故にする」などとも使う。

□仕事の按配《あんばい》はどうですか

「按配」は「案配」「塩梅」とも書き、ビジネスでは物事の具合・調子、料理では塩加減を意味する。また、体の具合のことも意味するなど、いろいろな場面で使える。「なかなか按配がいいね」「体の按配がもうひとつで」など。

❏能書《のうがき》はもういいよ

「能書」のもとの意味は、薬などの効能を書いたもの。そこから、宣伝文句という意味が生じ、「能書を並べる」は、自己宣伝や紋切り型の説明を侮蔑的に表す言葉。自慢話が多い人をたしなめるときにも使えるし、「能書ばかりですみません」とへりくだっても使える。

❏折衝《せっしょう》を重ねてみたのですが

「折衝」は本来、敵が衝《つ》いてくる矛を折るという意味で、今では、物事が有利に運ぶよう、相手と駆け引きするという意味で使われている。「あの会社との折衝は、彼にまかせてみよう」などと使う。日常茶飯的な軽い交渉ではなく、タフな交渉ごとに使うとふさわしい。

❏それは、喫緊《きっきん》の問題だね。

「喫緊」は、差し迫って重要なこと。この言葉には、「緊急」という以上の切迫感がある。この言葉を使うと、ただならぬ緊張感を相手に伝えることができるはず。

❏それは、職人としての**美学**に反するものだ

「美学」は、本来は学問の一分野だが、近年では、その個人の信念や価値観という意味で用いられることが多い。「彼の美学にのっとれば」「彼には、経営者としての美学があるようです」などと使う。単に、信念や価値観というよりも、人を引きつける表現といえる。ただし、自分を主語にして「私の美学としては」などと語ると、キザったらしく、反感を買いやすい。

❏まだ**暫定**《ざんてい》ですから

「暫定」は、正式に決定するまでという意味。じっさいには「いまのところ」「とりあえず」「しかたがないので」といったより軽い意味で使われている。「あくまで暫定的な措置でして」というように、責任回避用の言葉としても使われている。

❏**真逆**《まぎゃく》の関係にある

この「真逆」は「まさか」ではなく、「まぎゃく」と読み、正反対のこと。映画関係者から生まれた言葉と見られるが、二十一世紀になって一般でも使われるよう

になった。単に「逆」というよりも、正反対という意味を強調できる言葉。ただし、「そんな日本語はない」という人も多いので、改まった席では使用を避けたほうが無難。

❏雌伏《しふく》のときですから、我慢しましょう

「雌伏」は、力を養いながら、活躍しうる機会をじっと待つこと。出世の機会を得られない不遇な人、失敗によって逆境にある人に、希望を抱かせる言葉といえる。「雌伏して時を待てば、状況も変わるでしょう」「雌伏する間に、実力を養いましょう」などと使う。対義語は「雄飛」で、「将来の雄飛のために、今の雌伏があるのです」というように使える。

❏奔走《ほんそう》していただいたおかげで、企画が通りました

「奔走」は、物事がうまくいくように、あちこちを駆け回ること。「新会社設立のため、奔走する」「彼の奔走によって、こちらの意図が伝わった」などと使う。相手の奮闘ぶりを讃えるほめ言葉にも使える。幕末の志士には「奔走した」というイメージがあるので、とりわけ歴史好きには効果的かも。

❏感情の相剋《そうこく》に苦しむ

「相剋」は、相いれない二つのものが、互いに勝とうとして争うこと。「あの家では、父子の相剋が続いている」「愛憎半ばする感情の相剋に苦しむ」などと使う。

❏うちの営業力は、他社と遜色《そんしょく》ないと思います

「遜色」は劣っていること、「遜色ない」は劣っていないこと、ひけめがないことで、「負けていない」「見劣りしない」という意味のことを大人っぽく言い換えることができる。「彼の能力は、ベテラン社員と比べても遜色ない」など。

❏話が暗礁《あんしょう》に乗り上げる

「暗礁」は、水面下に隠れている岩。船が暗礁に乗り上げると動かなくなるように、思わぬ障害にぶつかり、物事が進まなくなることを「暗礁に乗り上げる」と表現する。「計画は暗礁に乗り上げたままで、どうにもならない」「交渉が暗礁に乗り上げるまえに手をうつ」などと使う。

❏ネットビジネスに**先鞭**《せんべん》をつけた経営者

「先鞭」は、人より先に物事に手をつけること。中国で、先に鞭を当てて出陣した人物がいたという故事から生まれた言葉。「先鞭をつける」という形で使うことが多い。「先に着手する」ことを格調高く表す故事成句。

❏会議で、彼の提案を**俎上**《そじょう》に載せる

「俎上」は、まないたの上。「俎上に載せる」は、ある物事や人物を取り上げ、いろいろな面から論じたり、批評すること。「八百長問題を俎上に載せる」「次の会議で、俎上に載せようと思うのは」などと使う。「議題にする」「テーマにする」というよりも、鋭く論じ合うというニュアンスを込めることができる。

❏それは、私の**沽券**《こけん》に関わる話だ

「沽券」は、土地や家屋を売買する際に、売り主が買い主に与える証文のこと。そこから、人の値打ち、品位、体面を意味するようになった。「沽券に関わる」は、体面に差し障りがあること。「名誉が傷つくかもしれない」「信用問題だ」といった気持ちを断固として表せる表現。

❑数日間、**死線**をさまよいました

「死線」は、生きるか死ぬかの境目のこと。「死線をさまよう」は、生きるか死ぬかの境目の状態にあること。「しばらく死線をさまよいましたが、今は快方に向かっています」など。

❑新商品が市場を**席巻**《せっけん》する

「席巻」は、蓆《むしろ》を巻くように、領土をかたっぱしから攻め取ること。そこから、激しい勢いで、自分の勢力範囲を広げることを意味する。「グローバリズムが世界を席巻している」「攻めの経営で業界を席巻している」など。

◎読んでみよう！　使ってみよう！——応用編

❑A社の提案を**一顧**《いっこ》だにしない

「一顧」は、ちょっと振り返って見ること。多少は心にとどめておくこと。「だに」は、軽い事柄を例に挙げて、重い事柄を類推させる副助詞。「一顧だにしない」で、ちょっと振り返って見ることもしない、いっさい考慮しないという意味になる。「彼女は、彼のプロポーズを一顧だにしなかった」などと使う。

❏完膚《かんぷ》なきまでに論破《ろんぱ》されました

「完膚」は傷のない肌。「完膚なきまで」は、無傷の箇所がないほどひどく、徹底的にという意味。「完膚なきまでにやりこめる」「完膚なきまでに原案が修正されました」などと使う。「徹底的」にでもいいが、この言葉のほうが迫力がある。

❏隔世《かくせい》の感がありますね

「隔世」は、時代が異なること。「隔世の感」は、「時代が変わってしまったな」という感慨のことで、時代の変化を情感をもって表せる表現。「こんなに町並みが変わってしまったとは、隔世の感がありますね」など。

❏いったん緩急《かんきゅう》あれば

「緩急」は本来、遅いことと早いことという意味だが、ほかに危険や災難の迫った場合という意味がある。「いったん緩急あれば」というのが決まり文句で、ひとたび緊急事態となったらという意味。「いったん緩急あれば、重大な決断が必要になる」のように使う。

❏弥栄《いやさか》をお祈り申し上げます

「弥栄」は、ますます栄えること。ふだん使う言葉ではないが、結婚式や祝賀会などの改まった場では、映える言葉。「お二人の弥栄をお祈りします」「御社の弥栄を祈念いたします」などと使えば、祝辞の格調を高めることができる。

❏どうぞ忌憚《きたん》のないご意見をお聞かせください

人に意見を求めるときの定番表現。「忌憚」は忌み憚られることで、「忌憚のない」は遠慮のないという意味。改まった会合では、「遠慮なく、ご意見をどうぞ」というよりも、このフレーズを使ったほうが、場の雰囲気にふさわしいはず。

❏本当に情宜《じょうぎ》に厚い方たちです

「情宜」は、真心がこもったという意味で、通り一遍のつきあいではなく、情をこめてつきあう関係を表現する言葉。「社長は、労働組合とも情宜を重んじながら、つきあっている」「この地域には情宜に厚い方が多い」などと使う。

❏この報告書、潤色《じゅんしょく》しすぎじゃないですか

「潤色」は、文章に彩りを加えることだが、マイナス方向に手を加えて、面白おかしく飾りたてることもいう。文章や口頭の報告が事実をごまかしていると思えるとき、それを指摘するのに使える言葉。「ここは、潤色が混じっていませんか」「潤色を加えすぎると、信用を失いますよ」など。

❏いまは巧遅《こうち》よりも、拙速《せっそく》を選びましょう

「拙速」は、出来はよくないが、仕事が早いこと。その反対語が「巧遅」で、出来はいいが、仕事が遅いこと。緊急対応が必要な状況は、出来を云々《うんぬん》している場合ではない。「拙速」は、そんなときに説得力を持つ言葉。「拙速といわれようと、この状況を乗り切るには即決するしかありません」などと使う。

❏曹洞宗の名刹《めいさつ》

立派な城は「名城」、すぐれた作品は「名作」、風格のある山は「名山」だが、名高い寺は「名寺」とは言わない。正しくは「名刹」。由緒ある寺を語るとき、この言葉を使えるかどうかで、その人の教養度がわかってくる。なお、大きな寺は「巨刹」、古い寺は「古刹」。

❏それは刮目《かつもく》すべき意見ですね

「刮」は「こする」という意味で、「刮目」は目をこすってよく注意して見ること。賞賛するときの古典的表現の一つで、かつては「男子三日会わざれば、刮目すべし」とよく言われたものだ。ビジネスシーンでは、「そのご提案は刮目に値しますね」「彼の動向に刮目したほうがいい」などと使うことができる。

❏どうやら、敵の陥穽《かんせい》にはまってしまったようです

「陥穽」は、落とし穴や罠を重厚に言い換えた言葉。「陥穽にはまる」「陥穽に陥る」という形で使うことが多く、「あの程度の陥穽にはまるようでは、まだまだだな」「この計画には、わが社をおとしいれる陥穽があったのです」などと使う。

❏問題の本質を喝破《かっぱ》される

「喝破」は、誤った説を退け、真実をとらえて、きっぱり言うこと。「本質を喝破する」「ひと言で喝破する」などと使う。物事を喝破できる人は、洞察力のあるキレ者のはずで、そうした人へのほめ言葉として効果的に使える。なお「看破」は単に見破ることだが、「喝破」は本質をえぐるというニュアンスを含んでいる。

❏杞憂《きゆう》で終わればいいのですが

「杞憂」は、取り越し苦労をすること。古代中国で、杞の国の人が、天が落ちてこないかと憂いたところから生まれた言葉。無用な心配をするという意味だが、それでも心配せざるをえないときに、前ふりとして活用できる言葉。「杞憂とは思いますが、ひと言言わせていただきますと」など。また、心配や不安が現実のものになったときは、「杞憂では終わらなかった」と表現できる。

❏阿漕《あこぎ》な真似はやめなさいよ

「阿漕」は、義理人情を欠くあくどいこと。「阿漕」は三重県にある海岸の名前で、その地域の漁師たちが禁漁区でたびたび密漁して捕らえられていたという話から、しつこくあくどいさまをいうようになったといわれる。「あいつは阿漕な奴だから、関わりあうな」などと使う。相手の人格を全面否定する言葉なので、面と向かって使うときは、絶交するくらいの覚悟が必要。

❏児戯《じぎ》に等しい真似ですが

「児戯」は、価値のないもの、取るに足らないもののたとえ。自分の行為や作品について話すとき、この言葉を前振りに使うと、へりくだった気持ちを表せる。「児戯に等しい出来でして」「児戯に等しいと思われるかもしれませんが」など。一方、他者の行為に用いると相手を罵ることになるので、うっかり口にしないように。

❏時宜《じぎ》を得た企画ですね

「時宜」は、そのとき、その場所にふさわしいこと。ちょうどよい時期。「いまはまだ時宜を得ていない」「時宜を得た発言だ」など、「時宜を得る」という形で使うことが多い。一方、「時宜にかなう」という言葉もあって、こちらは「時宜にかなった的確な対応だ」などと用いる。

❏世故《せこ》に長《た》けた人物

「世故」は世の中の習慣や実情のことで、「世故に長ける」は世間の事情によく通じているという意味。ただし、ほめ言葉ではなく、もっぱら世渡り上手をけなすときに使われる。たとえば、「世故には長けているが、人望はない」のように。

❏勝って快哉《かいさい》を叫びたいものです

「快哉」は、「快なる哉《かな》」という意味。胸がスッとするように、気持ちがいいこと。多くは「快哉を叫ぶ」という形で使う。「思わず声が出ちゃったよ」という様子を格調高く表した言葉といえる。「逆転勝利に快哉を叫ぶ観衆」などと使う。

❏シーズンの掉尾《ちょうび》を飾るイベント

「掉尾」は、本来は「ちょうび」と読むが、いまは慣用的に「とうび」とも読む。物事、文章などの終わりのことで、「掉尾を飾る」が定番表現。「一年の掉尾を飾る熱唱」「日本シリーズの掉尾を飾る好ゲーム」などと使われる。

❏固唾《かたず》を呑んで、状況を見守る

「固唾」は、緊張したときに口の中にたまるつば。「固唾を飲む」は、息をこらして事の成り行きを案ずること。「大変心配だ」「不安な気持ちを押さえられない」といった状況にふさわしい言葉。「投票結果の発表を固唾を飲んで待つ」などと使う。

❏故人は晩節《ばんせつ》をまっとうされ

「晩節」は晩年のことだが、晩年における節操という意味もある。そこから「晩節をまっとうする」は、最後まで節操を持って生き抜いたこと。死ぬまで、自分の信念にもとづき、立派に生きることをいう。通夜や葬儀で、故人がいかに晩年まで立派に生きたかを格調高く讃えるときに使われる。

❏先代社長が鬼籍《きせき》に入られて、早五年

「鬼籍」は、閻魔《えんま》大王が死者の姓名などを記帳する帳面のこと。「点鬼簿《てんきぼ》」ともいう。「鬼籍に入る」は、死んで鬼籍に記されること、つまりは死ぬこと。「死ぬ」「亡くなる」を文語的に表した表現なので、この言葉を使うと、故人への畏敬の念を伝えやすい。

❏先代の衣鉢《いはつ》を継ぐ

「衣鉢」は、禅宗で、師から法統を継ぐ弟子に与えられる衣と鉢のこと。「衣鉢を継ぐ」は、師から学問や技芸を受け継ぐこと。さらには、先人から何か大事なものを受け継ぐことを表す。師匠や先代などの先人について語りたいとき、この言葉を用いると、自然に尊敬の念を表せる。

❏じつは、○○さんに**私淑**《ししゅく》しておりまして

「私淑」は、直接には教えを受けていないが、ひそかにその人を師と考えて尊敬していること。「勝手に師と崇めています」ということをひと言で表せる言葉。なお、直接指導を受けているときには、「私淑」という言葉は使えない。

❏国家が**危胎**《きたい》に瀕している今

「危胎に瀕する」は、非常に危険な状況に陥ること。とくに国家や組織の危機に対して使うと、切迫感を伝えられる。「国家財政が危胎に瀕している今」「このまま放っておくと、全組織が危胎に瀕する」などと使う。

2 知ってるだけで一目おかれる漢字

◉読んでみよう！　使ってみよう！――ハイレベル編

❑意思の疎通に**齟齬**《そご》をきたしまして

「齟齬」は、上下の歯がうまく噛み合わないこと。そこから、物事がうまく噛み合わないこと、食い違うことを意味する。「齟齬をきたす」という形で使うことが多い。「同じ改革派内でも、意見に齟齬をきたしている」「社長と専務の間に齟齬があるようだ」などと使う。「食い違う」「ズレが生じる」を重く言い換えた表現。

❑彼が策謀家といわれる**所以**《ゆえん》は

「所以」は、わけ、理由のこと。改まった場では、「わけ」や「理由」よりも、この言葉のほうがしっくりくる。「これが、イギリスが長期衰退した所以です」などと使う。

❏しょせんは、徒花《あだばな》だよ

「徒花」は、咲いても実を結ばずに散る花。そこから、たとえ華やかであっても、結果を伴わないことを意味するようになった。「あの恋は三十代最後の徒花だった」などと恋愛関係に使うこともある。

❏部長に掣肘《せいちゅう》を加えられる

「掣肘」は、肘を引っ張ること。そこから、「掣肘を加える」で、脇から干渉して自由な行動を妨げることを表す。「邪魔をする」「横槍を入れる」「干渉する」と同様の意味を大人っぽく表す言葉といえる。「掣肘を加えたいところだが、ここは我慢」などと使う。

❏彼女の心中を忖度《そんたく》すると

「忖」も「度」も、はかるという意味で、「忖度」は他人の気持ちを推し量ること。「忖度する」対象は、相手の心中か内情で、「彼の本心を忖度するのは難しい」「得意先の事情を忖度したほうがいい」などと使う。「考える」「推察する」を、やや改まった形で表現した言葉。

❏最近の総理の発言は、**鴻毛**《こうもう》よりも軽い

「鴻毛」は、鴻《おおとり》の毛のことで、きわめて軽いもののたとえ。今では、おもに言葉の軽さや物事をかるく見ている態度を非難するときに、たとえとして用いられる。「政治家の発言が鴻毛よりも軽くなっては……」「人民の命を鴻毛よりも軽く見ている独裁者」といった具合。

❏今の説明を**敷衍**《ふえん》して申し上げれば

「敷衍」は、本来は押し広げることを意味するが、今では「前の意見や見解を押し広げながら、より詳しく説明する」という意味で使われている。たとえば、会議などで、「いま、A君が言ったことを敷衍しますと」などと前置きして、さらに詳しく説明するといった具合。そうすると、知識や考えが深いように思われるかも。

❏**蹉跌**《さてつ》の原因を探りますと

「蹉跌」は、つまずくこと、物事がうまくいかずにしくじること。かつて、石川達

三の小説『青春の蹉跌』で有名になった言葉。場合に応じて、「失敗」「挫折」をこの熟語に言い換えると、大人の日本語に聞こえるはず。

❏なかなか老獪《ろうかい》なやり方ですね

「老獪」は、経験を積んでいて、悪賢い知恵があること。悪口で使うこともあれば、ほめ言葉としても使える言葉。いずれにせよ、相手の百戦錬磨ぶりに対する、それなりの評価が込められる。「政治家は、もっと老獪でないとね」「彼の老獪さに、してやられたよ」など。

❏経営を壟断《ろうだん》している老社長

「壟断」は、利益や権利を独占すること。「壟」は丘のことで、ある男が丘の上から市場を見渡し、利益を独占するようになったという故事から生まれた言葉。今では、経営者や権力者を批判したいときに活用される言葉。

❏江戸幕府開闢《かいびゃく》以来、最大の仇討ち

「開闢」は、天地の始まり、世の中の始まり。大きな組織の始まりを時代がかった

形で表したいときに用いる。今では、「鎌倉幕府の開闢後」「江戸幕府の開闢以来」など、昔の政府形態のひとつである「幕府」とセットで用いられるケースが多い。

❏この作品は、彼、畢生《ひっせい》の大作です

「畢生」は、生まれてから死ぬまでのすべての期間。「一生」「生涯」を、重々しく言い換えた表現。「この作家の畢生の傑作」「彼、畢生の大事業となった」などと使う。ある人物の生涯最高の作品や成果をほめ讃えるときには、最も適した言葉。

❏日本の現代漫画は、手塚治虫をもって嚆矢《こうし》とする

「嚆矢」は、物事の最初のこと。「嚆矢」は音が鳴る鏑矢《かぶらや》のことで、古代中国で戦いの始まりに嚆矢を射かけたことから、今の意味が生まれた。「始まり」を重厚に表現するときに使われ、「日本の本格的な災害ボランティア活動は、阪神・淡路大震災を嚆矢とする」など、「日本の○○は△△をもって嚆矢とする」という形が、この言葉を使う定番パターン。

❏そんな讒言《ざんげん》を信じるのですか

「讒言」は、他人を陥れようと、事実をまげ、偽って悪しざまに言うこと。タチの悪い陰口・告げ口を重々しく表現すると「讒言」となる。「ライバルの讒言によって失脚する」「部下の讒言に惑わされる」などと使う。

❏一縷《いちる》の望みを託すしかありませんね

「一縷」は一本の糸のことで、そこからごくわずかという意味に。「一縷の望みを託す」は、絶望的な状況下、かすかな希望にかけてみることを意味する定番表現。「まだ一縷の望みが残っています」「一縷の望みをつなぐしかありませんね」などと使える。

◉読んでみよう！ 使ってみよう！――超難読編

❏ここの所、無聊《ぶりょう》を慰める日々です

「無聊」は、退屈なこと。「無聊を慰める」「無聊をかこつ」などと使う。そこには、わだかまりがあり、楽しんでいないというニュアンスが含まれる。「退屈だ」「することがない」では品がないと感じるとき、この言葉を使うと、大人っぽくかつ品よ

く聞こえる。

❏彼の指摘は、正鵠《せいこく》を得ています

「正鵠」は、弓の的の中心にある黒点のことで、そこから物事の急所、要点という意味が生まれた。「正鵠を得る」は、物事の急所をつくことで、「正鵠を得た意見」「痛いくらい正鵠を得ている」などと使う。「核心をつく」「急所をつく」と同じ意味だが、それ以上に、言葉を知っていると感じさせる言葉。「正鵠を射る」とも。

❏派閥対立は、この会社の宿痾《しゅくあ》だ

「宿痾」は、長く治らない病気のこと。そこから「抱え続けている問題点」「治らない欠点」といった意味に使われる。「この会社の宿痾は、上層部の官僚主義ですよ」などと使う。

❏なにぶんにも狷介《けんかい》な性格でして

「狷介」は、心が狭く、自分の考えに固執し、人の考えを素直に聞こうとしないこと。「狷介な性格」「狷介なところがありまして」という形で使うことが多い。自分の父親の頑固オヤジぶりあたりを表すのにふさわしい表現。

❏悪い噂が燎原《りょうげん》の火のように広まる

「燎原」は、火の燃え広がった野。「燎原の火」は、燃え広がって野原を焼く火。そこから、勢いが盛んで、防ぎきれないことのたとえ。「燎原の火のごとく、敵兵が押し寄せてくる」「燎原の火のように流行する」などと使う。とくに、流言や噂について語るとき、この言葉を使うと、イメージを喚起しやすい。

❏彼には自分を韜晦《とうかい》する癖があるので、意外にその才能が知られていない

「韜」は包みかくすこと、「晦」はくらますことで、「韜晦」は自分の才能や地位、身分などを包み隠すこと。「彼は才能を韜晦している」「君の自己韜晦にだまされていたよ」などと使うので、相手の真の力を見抜く眼力があってこそ使える熟語といえる。

❏馥郁《ふくいく》とした香りが漂う

「馥郁」は、香りを表現するときに知っておきたい表現。よい香りが漂う様子を表

す。単に「すばらしい香り」「素敵な香り」では、ボキャブラリー不足と思われかねないとき、「このお酒は馥郁たる香りがしますね」「お花の馥郁とした香りに酔いそうです」などと使えばいい

❑尾籠《びろう》な話で恐縮ですが

トイレの話、シモの話をしたいときには、相手を不快にさせない配慮が必要。まずは「尾籠な話」と断ってから話しはじめると、相手も聞く準備ができる。「尾籠」は不潔だったり、わいせつだったりすること。この「尾籠」は、愚かなさまを意味する和語「をこ（痴）」に漢字を当て、やがてそれを音読みするようになったという珍しい〝経歴〟をもつ和製漢語。

❑無辜《むこ》の人々が収容所に送られる

「無辜」は、罪のないこと、あるいは罪のない人。「無辜の民の命を奪う」「無辜の民が難民化する」などと、凶悪な犯罪者や独裁政権の専横ぶりを批判するときによく使われる。

❑悪性のインフルエンザが**猖獗**《しょうけつ》を極めている

「猖獗」は、悪いことがはびこり、勢いを増すこと。猛威をふるうこと。「猖獗する」ともいうが、多くは「猖獗を極める」という形で用いる。赤痢やコレラ、インフルエンザなどの伝染病が大流行したときの定番表現。

❑情報が**輻輳**《ふくそう》し、混乱に輪をかけている

「輻輳」は、もとは車輪のスポークに当たる部分が、車輪の中心に集まるような状態を指し、いろいろなものが一ヶ所に集まること、混み合うこと。近年では「情報が輻輳している」というのが、定番の使い方。震災後などには「回線が輻輳状態で電話がつながらない」という表現をよく耳にすることになる。

❑先生の**謦咳**《けいがい》に接する機会をいただき

「謦」も「咳」もせきを意味し、「謦咳」は咳払い、しわぶきのこと。「謦咳に接する」は、尊敬する人の話を直接に聞くこと。昨今はあまり使われない言葉だけに、いざ使えば、自分にとって、その尊敬する相手がいかに素晴らしい人物であるかを存分に表せる。

❑どうやら、社長の**忌諱**《きき》に触れてしまったようだ

「忌諱」は正しくは「きき」と読むが、最近は慣用的に「きい」と読む。忌み嫌うことを意味し、「忌諱に触れる」は、目上の人の忌み嫌うことを言って、その人の機嫌を損なうこと。

❑このたびの不祥事、**慙愧**《ざんき》の念に堪えません

「慙愧」は、自分の言動を反省して、恥ずかしく思うこと。「慙」は自分に対して恥じること、「愧」は外部にその気持ちを示すこと。現代では、反省の気持ちを最大限に表したいときに使う言葉。たいていは「慙愧の念に堪えません」という形で、改まった場での謝罪や謝罪文の中で使う。

❑新たな運動が**澎湃**《ほうはい》として沸き起こる

「澎湃」は、物事が勢いよく起きるさまを意味する。「事件を解決したことで、彼への畏敬の念が澎湃として高まってきた」「彼に対する反論が澎湃と起こってくる」などと使う。情勢が大きく変化していくさまを表すのに適した言葉といえる。

❏現代哲学の濫觴《らんしょう》は

「濫觴」も、物事の始まりという意味。前述の「嚆矢」と同じ意味だが、「嚆矢」以上に重厚感がある。「濫」はさかずき、「觴」は浮かべるという意味で、中国の長江のような大河でも、源流はさかずき（濫）を浮か（觴）べる程度の細流にすぎないところから生まれた言葉。現代では、ほぼ文章専用の熟語といえ、「近代交響曲の濫觴となったベートーヴェンの音楽」「本居宣長をもってして、国学の濫觴とする」などと使う。

Step4

微妙なニュアンスを ことばにするコツ

1 会話・文章を楽しくすることば

◉ストックしておきたい面白いフレーズ

❏**禁断の木の実**には、手を出さないほうがいい

「禁断の木の実」は、固く禁じられてはいるが、ついタブーを破ってしまいそうな誘惑的な快楽を表す。もとは『旧約聖書』で、エデンの園の中にある知恵の木の実のこと。アダムとイブは、その木の実を食べたことにより、エデンの園から追放された。不倫関係など、性的なたとえにも用いられる。

❏ここは、一つ**紳士協定**といきますか

「紳士協定」は、正式な形を踏まないが、相手を信頼して結ぶ取り決めのこと。現実的には、慣習的な紳士協定もあるほか、腹を探り合うなか、暫定的に物事を決めるときに結ばれる紳士協定もある。「まずは紳士協定ということにして、細かいこ

とはあとで」「正式に契約したわけではないので、紳士協定みたいなものだよ」などと使う。

❏うちの課長は、**箸《はし》の上げ下ろし**にまで口を出すほうだから

「箸の上げ下ろし」は、日常のささいなことのたとえで、細かいことにまで口を出す人を批判的に表すときに使われる。このフレーズを使うと、その人物がいかに小うるさいキャラであるかをひと言で伝えられる。

❏両者の見方には、かなりの**温度差**があるようだね

この「温度差」は、考え方に開きがあることのたとえ。「都市部と地方では、公共事業に対する見方に温度差がある」などと使う。「考えに開きがある」というより、「温度差がある」といったほうが、意見に違いがあることを婉曲に伝えられる。

❏今回の事件は、**氷山《ひょうざん》の一角**にすぎません

「氷山の一角」は、たまたま表面に現れた、大きな物事のほんの一部。海面上に現れた氷山は、全体のごく一部にすぎないところから、この表現が生まれた。小さな

問題や悪事が露見したとき、より大きなことがまだ隠されていると指摘するときに使われる。この言葉を使うと、全体を見通す目があるかのように受け止められるかも。

❏ウイスキー派からワイン党へ、**宗旨替**《しゅうしが》**え**しました

「宗旨」は、宗派のこと。そこから、「宗旨替えする」で、主義や主張、考え方や嗜好などを変えることを指すようになった。この言葉を使うと、変心や裏切りのようなネガティブな変化も、「専務派から副社長派に宗旨替えかね」と、ややソフトに批判できる。

❏**玉虫色**の決着案

「玉虫色」は、曖昧なことをネガティブに表現する言葉。玉虫の羽は光線の加減によって、いろいろな色に変わって見える。そこから、解釈のしようによって、どちらにも取れる曖昧な表現のこと。「玉虫色の答弁」「玉虫色の改革プラン」などと使う。

❑それは、**げすの勘繰《かんぐ》り**というものですよ

相手の邪推に腹を立てて、ひと言釘を刺しておきたいときには、このフレーズを使うとよい。「げす」は、漢字では「下衆」や「下司」と書き、品性の卑しい人。「げすの勘繰り」は、品性の卑しい者は、ひがみっぽくて、物事を悪く考えがちであること。そこから、邪推するという意味が生まれた。

❑もはや、彼とは**雲泥《うんでい》の差**がついてしまいました

大変な違いのあることをよく「月とすっぽん」と表現するが、それはややくだけた言葉。大人の言葉用には「雲泥の差」がある。とりわけ改まった場面では、こちらを使いたい。「雲泥の差」は、天と地ほどに隔たっていることのたとえ。「雲泥の開きがある」という表現も同じ意味。

❑それでは、まるで**烏合《うごう》の衆《しゅう》**じゃないですか

「烏合」はカラスの集まりで、「烏合の衆」は、規律も統一もなく集まった群衆のこと。まとまりを欠く組織を形容するには、ぴったりの言葉。たとえば、ライバル集団がさほど強力でないとき、「あいつらは、しょせん烏合の衆だ」などと使える。

❑上司に睨まれ、**島流し**にあっちゃったよ

「島流し」は、かつて罪人を遠島に送った刑罰のこと。そこから、本社から遠く離れた支社・支店に飛ばされることを「島流し」というようになった。要するに、左遷のことなのだが、時代がかった言葉をあえて使うことで、多少はユーモアを含ませることができる。

❑**都落ち**しちゃったよ

「都落ち」も、時代がかった言葉を使って、ユーモアを含ませるパターン。「都落ち」は、かつては公家などが都を追われて地方に逃げることを意味した。そこから現代では、本社から地方への転勤を意味するようになった。左遷であることが多いので、「島流し」とほぼ同じ意味の言葉として使われている。

◉一度聞いたら忘れられない印象的なフレーズ

❑彼にとって、あの程度の失敗は**物の数**ではない

「物の数」は、数えるほどの価値があるもの。「物の数ではない」は、数えるほどの価値があるものではない→まったく問題ではないという意味。「世間の批判など、物の数ではないさ」「社内の悪評くらい、物の数じゃないよ」などと使う。この言葉、肚の太いことを表すにはいいが、実績が伴わないと、強がりを言っているだけと取られるので、使う相手やシーンには注意したい。

❏その問題は、すでに**織《お》り込みずみ**です

「織り込みずみ」は、ある事柄や条件を前もって、予定に入れておくこと。「株式相場の動きは、すでに日銀の発表を織り込みずみだ」など。近年では、似た意味の言葉として「想定内」がよく使われている。

❏**出来レース**は、もうたくさんだ

最初から勝敗が決まっている「出来合いのレース」を指す言葉が「出来レース」。「こんな出来レースに参加して、何か意味があるのか」などと使う。断定的な言い回しなので、使う場所・相手は選びたい。

❏いつまで禅問答《ぜんもんどう》をしているんだ

「禅問答」は、何が言いたいのか、さっぱりわからない会話に対して使う言葉。本来、禅宗の僧侶の悟りを開くために行う問答で、そこから意味をとらえにくい対話を指すようになった。「あの二人の会話は、いつ聞いても禅問答みたいだ」などと使う。

❏紋切《もんき》り型の企画書

「紋切り型」は、決まりきっていて、新しさがないこと。もとは、家紋などの紋を切り出すための型のことで、そこから物事のやり方が一定の様式にのっとっていることを意味し、もっぱら否定的意味に使われることになった。「紋切り型の表現ばかりだ」など。

❏コミコミの金額

「コミコミ」は「込み込み」と書き、飲食店などの支払いでは、税やサービス料金をすべて含んでいることをいう。ビジネスでは、消費税、運賃、中間手数料などをすべて含んだ金額を意味する。「コミコミで、いかほどになりますか」など。

❏**行って来い**になっちゃったよ

「行って来い」は、相場の世界では、相場が上げ下げを繰り返したのち、元の値に戻ってしまうこと。ビジネスでは、損得を通算すると、利益が上がっていない状態をいう。「さんざん苦労して、結局、行って来いか……」など。

❏在庫商品を**抱き合わせ**で売りさばく

「抱き合わせ」は、一緒にすること、セットにすること。今では、売れない商品を売れ筋商品と一緒にして売るという意味で、おもに使われている。「抱き合わせで売ると、赤字になるのですが」「他に抱き合わせる商品はないのか」など。

❏**全員野球**で頑張ります！

企業のトップや政治家が、よく口にする言葉が「全員野球」。全員が一丸となって事に取り組むといった意味で使われる。「納期まであと十日、全員野球で頑張ろう」「うちの部署にエースはいませんが、全員野球で取り組みます」などと使う。ただし、トップ、リーダー、監督など、上に立つ者が使うのにふさわしい言葉であり、下っ端が口にすると、不遜な感じも。

❏あの物件は**曰《いわ》く付き**だからやめたほうがいいよ

「曰く」は、「じつは」と打ち明けるような隠れた事情。背景に込み入った事情を抱えていることが、「曰く付き」だ。「訳あり」とほぼ同じ意味だが、昨今の「ワケあり商品」のようなポジティブな意味は含まれていない。「彼は曰く付きの人物だ」「この物件は、じつは曰く付きでして」などと使われる。

◉カシコい大人は含蓄のある表現ができる！

❏彼をスカウトするには、**三顧《さんこ》の礼《れい》**が必要だ

「三顧の礼」は、人に仕事を頼むのに、何度も訪問して礼を尽くすこと。古代中国で蜀を興した劉備が、諸葛孔明の庵《いおり》を三度訪れ、ようやく軍師として迎え入れることができたという故事から生まれた言葉。「三顧の礼を尽くす」「三顧の礼で迎える」などと使う。

❏好事魔多《こうじま》し、横から茶々がはいったよ

「好事魔多し」は、よいことには、とかく邪魔が入りやすいという意味。それまでうまくいっていたのに、問題が起きたことをボヤくのに、ぴったりの言葉。「好事魔多しで、スキャンダルに巻きこまれる」など。あるいは、「好事魔多しといいますから、気をつけてくださいね」と、用心を促す言葉にも使える。

❏是非《ぜひ》に及《およ》ばず、いまは決断のときです

「是非」は善悪、適否という意味。「是非に及ばす」は、いまさら善悪や適否を論じていてもしかたがないこと。そこから、しかたがない、やむをえないという意味でも使われる。事態が切迫しているときに、「是非に及ばず、すぐに実行しましょう」などと使うと、周囲の決断を早める効果があるかも。なお、「是非に及ばず」は、織田信長が最期の地・本能寺で口にしたと伝えられる言葉。

❏阿吽《あうん》の呼吸《こきゅう》で、仕事を片づける

「阿吽」は、吐く息と吸う息のこと。「阿吽の呼吸」は、二人以上で一つのことをするときに、気持ちを合わせる様子。チームワークをめぐる理想的な関係を指す言

葉といえる。「その仕事は、阿吽の呼吸がないと無理だよ」「阿吽の呼吸で、パスがつながる」など。

❏人生意気《いき》に感ずで、一肌脱ぎましょう

「人生意気に感ず」は、金銭や名誉のためではなく、他者の意気に感じて行動するということ。損得抜きの決断を表明するときの決め台詞にぴったりのフレーズ。

❏驕《おご》る平家《へいけ》は久《ひさ》しからず、あの会社はそのうち失速するよ

「驕る平家は久しからず」は、『平家物語』の「驕れる人も久しからず」から生まれた言葉。地位や財力を鼻にかけて驕っている人は、その身を長く保つことができないことのたとえ。「専務一派も、驕る平家は久しからずの運命だね」のように使う。忠告するにも批判するにも使い勝手がよく、かつ多少の教養を表すことができる言葉。

❏勝てば官軍《かんぐん》ですから

「勝てば官軍」は、「勝てば官軍、負ければ賊軍」の略。戦いに勝ったほうが正義

になり、負けたほうが不義となること。この世の中、道理はどうあれ、強い者が正義になることのたとえ。少々あくどいことをしてでも、結果を出したいとき、周囲をウンと言わせるのに効き目があるかもしれないフレーズ。

❏後生畏《こうせいおそ》るべし、若い彼らに期待しようじゃないか

「後生畏るべし」は、後進の者は、今後どのように成長するかわからないので、おそれなければならないということ。若者の将来性を評価し、期待をこめて言う言葉。年季の入った大人がこの言葉を使うと、いかにも包容力があるように聞こえる言葉。

◉粋と思わせるシャレたことば

❏相手が三味線《しゃみせん》を弾いてきても、惑わされるな

「三味線を弾く」は、相手を惑わすような言動をとること。「あいつは、すぐに三味線を弾いて、ごまかそうとするからな」などと使う。単に「三味線」にも、相手を惑わせるための言動という意味があり、勝負事での盤外作戦を「それじゃあ、三味線だよ」などと批判することもある。

❏思い立ったが吉日《きちじつ》、今から出かけましょう

「思い立ったが吉日」は、何かをしようと思ったら、その日が吉日と思って、すぐに実行するのがいいということ。語感にスピード感があるので、相手の決断を引き出すのに役立つ可能性が高い言葉。計画をすぐに実行に移したいとき、話に勢いをつけ、一気にまとめあげるのに適した言葉ともいえる。

❏それは君、**言わぬが花**だよ

「言わぬが花」は、はっきり言わないほうが趣があるという意味。露骨で身も蓋もないことは口にするものではないということを、シャレっ気を交えて表現したフレーズ。「誰が彼女とつきあっているか、それは言わぬが花だよ」「彼の本心は察しがつくけれど、それは言わぬが花というもの」など。

❏何を言っても、**引かれ者の小唄《こうた》**にしか聞こえないでしょうが

「引かれ者」は、処刑場に連れて行かれる者。「引かれ者の小唄」は、引かれ者が平気を装って小唄を歌うこと。そこから、負け惜しみで強がりをいうことのたとえ。

「いくら言ったところで、引かれ者の小唄にしかならない」というように用いるが、敗者が弁明の前置きとして使うこともできる。「引かれ者の小唄と思われるかもしれませんが」と切り出せば、多少は弁明を聞いてもらえるかも。

❑蛇《じゃ》の道は蛇《へび》というから、彼に聞いてはどう？

「蛇の道は蛇」の「じゃ（蛇）」は大蛇のことで、その世界のことは、同類（蛇《へび》）が一番よく知っているという意味。「蛇の道は蛇だよ、裏の世界の話は裏社会の住人に聞くしかないだろう」というように使う。

❑それは言い得て妙《みょう》ですね

「言い得て妙」は、じつにうまく言い表したものだという意味。誰かが巧みな表現をしたとき、すぐに感嘆の言葉として使うと、その場はさらに盛り上がるだろう。また、「どじょう内閣って、言い得て妙だと思いませんか」のようにも使う。

❑神は細部《さいぶ》に宿るとは、まさにこのことだ

「神は細部に宿る」は、ディティールにまで入念な作業が行われているので、全体

としても素晴らしく仕上がっているという意味。芸術作品をはじめ、「美」について蘊蓄《うんちく》を傾けたいときには、使ってみたい言葉。

❏ついに捕まったか。**天網恢恢《てんもうかいかい》、疎《そ》にして漏《も》らさず**だな

「天網恢恢、疎にして漏らさず」は、悪事にはかならず天罰が加えられること。天が張りめぐらした網は、目が粗いようでも、悪人を漏らさず捕らえるという意味。現代では、巨悪が暴かれたときに、庶民が発するのにぴったりの言葉。

❏私の料理は**無手勝流《むてかつりゅう》**なんですよ

「無手勝流」は、自分勝手にやること。自己流。もとは、剣豪・塚原卜伝《ぼくでん》が戦わずして勝つさまを「無手勝流」と称したことから生まれた言葉だが、現代では意味が大きく変わった言葉。「マニュアルに従うのではなく、無手勝流でいきましょう」などと使う。ただ、「我流」を言い換えた言葉なので、「彼女の料理は無手勝流だ」などと、人に対して使うと失礼に受け止められることも。

❏**白亜《はくあ》の城**がそびえている

「白亜」は白い壁のこと。「白壁の城」「白壁づくりの立派な建物」と表現するところを「白亜」を使って言い換えると、「白亜の城」「白亜の殿堂」となり、言葉に重厚さと華やかさが加わる。城や建物などを表現するときに、便利な言葉。

❏彼の行動は、まさに**天馬空《てんばくう》を行く**ようなものだ

「天馬空を行く」は、考えや行動などが自由奔放であるさま。「天馬」は、天帝を乗せて天を行く馬。その天馬が自由に空を駆けている様子をイメージして生まれた言葉であり、奔放な行動ぶりを視覚的にイメージさせやすい成句。「坂本龍馬の動きは、まさしく天馬空を行くようなものだった」など。なお「天馬」を「てんま」と読まないように。

❏彼は**蒲柳《ほりゅう》の質**でして

「蒲柳の質」は、体がほっそりしていて、病気になりやすい体質のこと。要するに虚弱体質のことだが、「虚弱体質」と露骨に表現すると、失礼になりかねない。そこで、この言葉を使うと、大人の日本語になる。「蒲柳」はカワヤナギのことで、その葉が早く落ちるところから、この言葉が生まれた。

❏この先どうなるかは、**神のみぞ知るところ**です

「神のみぞ知るところ」は、結果がどうなるか、誰にもわからないことのたとえ。単に「私にはわからない」と言うよりも、思慮深く見える言葉といえる。ただし、目下が目上に向かって、この言葉を使うと、「何を生意気なこと、言っているんだ」と思われかねないので注意したい。

❏まさしく**天《てん》の配剤《はいざい》**だ

「天の配剤」は、天は人や物事を適切に配すること。能力ある人が、自然に重要な地位に就いたときなどに使うことが多い。「この危機にあって、彼が帰ってきてくれたのは、天の配剤としか言いようがない」といった具合。

2 微妙なニュアンスが伝わることば

◎一体どんな評価なんだろう？

❏もはや、**神の領域**ですね

「神の領域」は、人間では到達しえない世界、解明できない物事のこと。人間が途方もないことを思いついたとき、恐れを知らない行為として警告するときに用いられる言葉。近年では、遺伝子操作技術が「神の領域」を侵しているかどうかが取りざたされている。「神の領域に人間が立ち入ってはいけない」など。

❏なかなか、**わさびが利《き》いた**表現ですね

「わさびが利く」は、気の利いた表現などで、人の心に鋭く届くこと。香辛料のわさびがピリッと舌にくるところから、この言葉が生まれた。文章を含め、さまざまな表現物を評するときに、この言葉を使うと、目利きっぽく映る。

❑彼ほどの健啖家《けんたんか》は珍しいよ

「健啖」は盛んに食べること。「大食い」「よく食べる」では失礼と思われるとき、この言葉を使うと、言葉に品が生まれる。大食いというと非難めくが、「健啖家」と表せば肯定的な表現となり、相手を非難するニュアンスは消える。

❑衒学的《げんがくてき》な態度が鼻につく

「衒学的」は、学者ぶるさま、学識をひけらかすさま。英語では「ペダンチック」。学者ぶった人、頭のよさを自慢したがる人を皮肉るときによく使われる。

❑人物の評価は、棺《かん》を蓋《おお》いて事定《ことさだ》まるものだ

「棺を蓋いて事定まる」は、人の評価は、死後、初めて定まるものだということ。時流に左右される時折々の評価は当てにならないものであり、長期的な視野で冷静に物事を見なければならない、という姿勢を伝えられる言葉。

❑大向《おおむ》こうをうならせる演説

「大向こう」は、おもに歌舞伎の劇場で、舞台正面後方の立ち見席のこと。「大向こうをうならせる」は、芝居で大向こうの観客を感嘆させること。そこから、芝居に限らず、観客や聴衆、世間などにおおいに受けるたとえになった。

❏羹《あつもの》に懲《こ》りて膾《なます》を吹くというやつで、用心のしすぎだよ

「羹に懲りて膾を吹く」は、一度失敗したことに懲りて、度の過ぎた用心をすることのたとえ。羹の熱さに口に火傷《やけど》を負ったことに懲りて、冷たい膾まで吹き冷まして食べたという故事から生まれた言葉。失敗に懲りて消極的になっている人に対して使う言葉で、「そんな消極策は、羹に懲りて膾を吹くようなものだよ」などと用いる。

❏策士策《さくしさく》に溺《おぼ》れるだね

「策士策に溺れる」は、策略を得意とする者が、策略に頼るあまり、失敗する様子を表した言葉。「彼の失敗は、策士策に溺れるを地でいったようなものだ」などと使う。やり手の失敗を評するときにぴったりくる言葉。

❑あの会社の**獅子《しし》身中《しんちゅう》の虫**

「獅子身中の虫」とは、内部の者でありながら、その組織に害を与える者のこと。獅子の体内で養われている虫が、獅子を滅ぼすとされたところから生まれた成句。今は、会社や組織の中で害をなす者を指す言葉。とくに、上層部にうまく取り入り、組織の腐敗の元凶となっているような人物に対して使う。

❑**得手《えて》に帆《ほ》を揚《あ》げて**といいますから、彼にやらせてみましょう

「得手に帆を揚げる」は、自分が得意とすることを発揮する機会を得れば、誰しも勇んで物事を行うことをいう。誰かを抜擢して、その才能を伸ばしたいときなどに、使える言葉。

❑彼は、あの操作の難しい機械を**自家薬籠中《じかやくろうちゅう》の物《もの》**にしている

「自家薬籠中の物」は、自分の思いどおりに使える物や人のこと。「薬籠」は本来、行商人が薬を入れる行李《こうり》、つまりは薬箱のこと。この言葉は、人の能力や統率力をほめるときに使え、「彼は早くからパソコンを自家薬籠中の物にしていた」「あの部長は部下を自家薬籠中の物にしている」というように用いる。

❏**眼光紙背《がんこうしはい》に徹《てっ》する**とは、このことだね

「眼光紙背に徹する」は、紙の裏まで見通すということで、そこから書物の字句の背後にある深い意味をも読み取ること。「行間を読む」を、さらに格調高くした言葉なので、文書を鋭く読み取る上司や先輩へのほめ言葉としても使える。

❏国政が混乱する中、**狂瀾《きょうらん》を既倒《きとう》に廻《めぐ》らす**政治家は現れないものだろうか

「狂瀾《きょうらん》を既倒《きとう》に廻《めぐ》らす」は、すっかり悪くなった形勢をもとに回復させること。「狂瀾」は激しい荒波で、荒波を元の方向に押し戻すというのが、この言葉のもとの意味。そうは使わない言葉だが、危急存亡の秋《とき》には、こうした強い表現がぴったりくる場合があるものだ。

◉あの気持ちはどう伝えたらいいの？

❏驚きましたよ、まさに**青天の霹靂《へきれき》**ですね

「青天の霹靂」は、晴れた日に起きる突然の雷のこと。そこから、突然の大事件、

人を驚かす大変動を意味するようになった。「あの優良会社が突然倒産するなんて、青天の霹靂だ」などと使う。「驚いた」「びっくりした」と話したあと、この言葉をつづけると、大人っぽい驚き方を演出できる。

❏滂沱《ぼうだ》の涙を止められない

「滂沱」は、雨が激しく降る様子のほか、涙がとめどもなく出てくる様子の形容に使う。「滂沱の涙」という表現でよく使われ、悲しくてどうしようもない思いを伝える言葉。「滂沱の涙に、何も見えなくなった」「滂沱の涙を止めることができない」などと使う。

❏瞋恚《しんい》の炎《ほのお》を燃やす

「瞋恚」は「しんい」と読み、仏教語では、怒り、憎しみ、恨みなどの憎悪の感情を指す。「瞋恚の炎」は、その怒りの激しさを炎にたとえたもので、激しい怒りを文学的に表現した言葉といえる。「彼の目は、瞋恚の炎で燃え上がっているかのようだった」などと使う。

❏この仕事が完成できれば、以《もっ》て瞑《めい》すべしといったところだ

「以て瞑すべし」は、宿願を果して、それで安心して瞑する（死ぬ）ことができるという意味。最大の希望や悲願、大仕事を語るときに使うと、大人の風格を表せる。「生涯研究に没頭できるのであれば、それで以て瞑すべしとします」などと使う。

❏大量の注文をいただき、まさしく干天《かんてん》の慈雨《じう》となりました

「干天の慈雨」は、日照りつづきのときの恵みの雨。そこから、苦しいときの救いのたとえ。あるいは、待望していた物事が実現することをいう。「助かった」「ずっと、このときを待っていた」という気持ちをひと言で格調高く表せる言葉。

❏それ以上は責めないのが、惻隠《そくいん》の情というものです

「惻隠」は、かわいそうに思うこと、哀れに思うこと。おもに「惻隠の情」という形で使い、失敗した者や敗者を憐れむときに用いる。「部長にも惻隠の情があったようで、君の失敗を咎めないそうだ」「あの人にも、惻隠の情があったのですね」などと使う。

❑あのミスで、**九仞《きゅうじん》の功《こう》を一簣《いっき》にかく**結果に終わりました

「九仞の功を一簣にかく」は、長い間の努力も、終わり際のわずかな失敗一つで、無に帰してしまうこと。中国で、九仞の高い山を築くのに、最後の一もっこ（簣）の土を欠いても、完成しない（失敗する）という話から生まれた。長年の努力が報われなかった嘆きの言葉として使われる。

❑ようやく**約束の地**を訪れることができた

「約束の地」は、憧れつづけた土地、場所を意味する。もとは、『旧約聖書』で、神がアブラハムとその子孫に与えようと約束したカナンの地のこと。「そこは、彼にとって約束の地だったんだよ」などと使う。普通に言えば、憧れの地のことだが、この言葉を使うと、その長年かつ熱烈な憧れぶりをひと言で表せる。

◉「状態」「関係」を格調高く表現することば

❑いままさに、**剣《けん》が峰《みね》**に立たされています

「剣が峰」は、もはや余裕がないことを語るときにぴったりの言葉。「剣が峰」に

は、富士山の噴火口周辺という意味のほかに、相撲の土俵の俵の一番高い部分という意味もある。そこを越えてしまうと負けになるところから、「剣が峰に立つ」状態は絶体絶命にあることを意味するようになったという。「絶体絶命」よりも、イメージを喚起しやすい言葉。

❏わが社の経営状態は、累卵《るいらん》の危《あや》うきにあります

「累卵」は、卵の積み重なった状態。いつ崩れて卵が割れてもおかしくないところから、ひじょうに危険な状態を表す。「塁卵の危うき」は、きわめて不安定で、悪い事態を引き起こしそうな状態。現代では、企業などの存亡がかかっているときによく使う。「ギリシャの国家財政は、塁卵の危うきにある」など。

❏この危急《ききゅう》存亡《そんぼう》の秋《とき》に、何を悠長なことを

この場合の「秋」は「とき」と読む。「危急存亡の秋」は、危機が迫り、生き残るか滅びるかという重大な瀬戸際。国家や組織に危機が迫ったときによく使われる表現。「当社は危急存亡の秋を迎えています」「今が危急存亡の秋ということを認識していますか」などと使える。

❏それでは、**百年河清《ひゃくねんかせい》をまつ**ようなものです

「百年河清をまつ」は、あてのないことを虚しく待つたとえ。ここでいう「河」は、つねに濁っている黄河のことで、黄河の水が澄むことなどありえないことから、この比喩が生まれた。現代では、何もしないで待ち続ける消極的な態度を批判するときに使われている。

❏**春秋《しゅんじゅう》に富《と》む**あなた方をうらやましく思いますよ

「春秋に富む」は、若くて将来に希望が満ちていること。「春秋」は春と秋、そこから歳月を指し、歳月がまだまだたくさん残っていることを「春秋に富む」という。「春秋に富む君たち」「春秋に富む諸君」は、入社式・入学式などの歓迎の挨拶で、お約束のように使われてきた言葉。

❏かつては**殷賑《いんしん》を極めた**古都

「殷」は盛ん、「賑」はにぎわいという意味で、「殷賑」はひじょうに賑やかで、活気に満ちている様子。「殷賑を極める」という形でよく使い、都市や商店などがた

いへん繁栄しているさまを表す。「殷賑を極めたお江戸日本橋」「古代ローマの殷賑」のように使う。また、「都市が殷賑を取り戻すには」といった表現もある。

❏国後島を指呼《しこ》の間《かん》に臨む

「指呼」は、指さして呼ぶこと。「指呼の間《かん》」は、指さして呼ぶことができるほど近い距離。実際はそこまで近くなくても、そのような実感があるときに使う。「不審船まで指呼の間に迫る」「追っ手が指呼の間にまで到達する」など。

❏彼が役員に逆らうなんて、蟷螂《とうろう》の斧《おの》に等しい

「蟷螂」はカマキリの漢語、「蟷螂の斧」はカマキリの前足のこと。カマキリが前足を上げて、大きな車に立ち向かったという故事から、自分の弱さをかえりみず、強い者に立ち向かうこと。はかない抵抗のたとえ。「今の実力では、何をやっても蟷螂の斧ですよ」「彼の強がりは、蟷螂の斧みたいなものですよ」などと使う。

Step5

「ほめ上手」「けなし上手」のちょっとしたモノの言い方

1 できる大人がおさえておきたい「ほめことば」の秘密

⊙そんなほめことばがあったのか！——相手をほめる

❏さすが！ 玄人《くろうと》はだしですね

「玄人はだし」は、素人なのに、本職が恥ずかしがるほど、学問や芸にすぐれていること。玄人がはだしで逃げ出すほどの技量であるところから、こう言うようになった。「プロ並ですね」「素人とは思えませんね」と言うよりも、ハイレベルなほめ言葉になる。ただし、プロ相手に使うと、不興を買うことに。あくまで、素人相手の言葉。

❏最近、板《いた》についてきたね

態度や行動が、地位や役割にふさわしくなってきたときに使うほめ言葉。この「板」は舞台の床板のことで、「板につく」はもとは役者が舞台になじむことをいった。そこから、態度や物腰が地位や職業に似合ってくることを意味するように。後輩や年下を喜ばせるほめ言葉として使える。

❑○○さんは**地頭《じあたま》がいい**から

「地頭」は、辞書には「かつらを用いない頭」などとある言葉だが、近年では「偏差値では測れない先天的な頭のよさ」という意味で使われるようになっている。最近では、「頭がいい」というより、「地頭がいい」といったほうが、相手をより喜ばせるほめ言葉といえる。成績の悪い子を励ますときにも使える言葉。

❑まさしく**大車輪《だいしゃりん》のご活躍**ですね

この「大車輪」は、大きな車輪が回るかのように、一生懸命に働くことを表している。単に「大活躍」とほめるより、「大車輪のご活躍」といったほうが、組織を一人で背負って活躍しているような響きが生まれ、より大きな賛辞になる。

❑さすがに、**場数《ばかず》を踏んでいる**

「場数を踏む」は、経験を積んでいる、場馴れしているという意味。「場数」は経験の度数という意味だが、単に「経験」というよりも修羅場を踏んできたというニュアンスを含んでいる。だから、「さすが、経験をお積みですね」というよりも、「さすが、場数を踏んでいらっしゃいますね」といったほうが、一目置いていると いう意味合いをより強く表せる。

❏さすが名伯楽《めいはくらく》でいらっしゃる

「伯楽」は、古代中国で、馬を見分ける名人の名。そこから、人の資質・能力を見抜く力のある人、その資質・能力を引き出すのに巧みな人を指す。単に「伯楽」と言うよりも、「名伯楽」という形で使うことが多い。「部長は、部下の資質を見抜く名伯楽でいらっしゃいますね」などと、相手を格調高くほめられる。

❏才気煥発《さいきかんぱつ》な方ですね

「才気」は、すぐれた頭の働きのこと。「頭の回転が早い」とほめるのもいいが、より大人っぽい表現になる。「煥発」は勢いよく外に輝き現れることで、「才気煥発」は、頭の回転の早い人やアイデアマンを讃えるときの定番表現の一つ。

❏水際立《みずぎわだ》った活躍

「水際立つ」は、他と比べてひじょうに鮮やかなこと。水際では、物がより鮮やかに映えるところから、この語が生まれた。同じ意味の「際立つ」に「水」が添えられていることもあって、みずみずしいというニュアンスが加わる。「水際立った作風」「彼の演説は水際立っていた」などと、ほめ言葉として頭に入れておきたい。

❏ここは、〇〇大明神《だいみょうじん》のお出ましだろう

「大明神」は神号の一つ。人名の下につけると、その人物を神に見立てることで、敬意をやや茶化して表すことができる。たとえば、トラブルの解決役を頼みたい相手を「〇〇大明神」と呼べば、神のように頼りにしているという気持ちと親しみを同時に表せる。

❏まさしく快刀乱麻《かいとうらんま》を断《た》つ活躍ぶり

「快刀乱麻を断つ」は、よく切れる刀でもつれた麻を断ち切るように、もつれていた物事を鮮やかに解決することのたとえ。口にしても文字にしても、胸のすくような四字熟語であり、鮮やかな手際に向けた最上級のほめ言葉として使える。

❏彼は生涯、**反骨《はんこつ》の人**だった

「反骨」は、権威や権力、時代風潮などに反抗する気骨。そのような気骨を持った人が「反骨の人」。単に「気骨」というよりも激しさを含む表現といえる。「反骨精神の持ち主」「彼には反骨精神があるから、あの程度のことでは屈しないだろう」などと使う。

◉そんなほめことばがあったのか！——モノをほめる

❏**珠玉《しゅぎょく》**の一品を楽しむ

「珠玉」は、真珠と宝石のことで、そこからすぐれたもの、尊いもののたとえ。とくに芸術作品について使うと、「すぐれた」「美しい」といった月並みの形容詞よりも、おしゃれな表現になる。ただし、大作については「珠玉の」とは形容できない。「珠玉」は、小品をほめるとき専用の言葉。

❏彼の作品は、**進化が止まらない**

「進化が止まらない」は、人やその人の作品が充実し、新たな工夫や創造が次々と生まれている様子を表現する言葉。「いつもすばらしい」といった表現よりも、インパクトがある表現なので、同種の賛辞のなかでも最大級のものになる。

❏極めつけの逸品ですね

「極めつけ」は、賛辞の中でも最高級の言葉。もともと、書画・刀剣などにつける鑑定書を「極め札」といい、そこから「極めつけ」は定評があることを意味するようになった。ただし、近年では、ネガティブな方向の形容にも使われ、「極めつけのワル」「極めつけの女たらし」のように、悪い方向に突出した事柄を語るときにも用いられている。

❏出色《しゅっしょく》の出来ばえですね

とりあえず、ほめ言葉のグレードを上げたいとき、「出色」は使い勝手のいい言葉。「出色」は、他より目立ってすぐれていることだが、「いい出来」を「出色の出来」と言い換えるだけで、知的になり、ほめ効果は格段に増す。

❏あの漫画家は、ナンセンスマンガの**極北**《きょくほく》に位置している

「極北」は北極に近い場所のことだが、比喩的に物事の極限という意味でも使われる。「モナリザは、ルネサンス絵画の極北に位置している」などと使う。「サイコー（最高）」を大人っぽく言い換える言葉のなかでも〝極北〟に位置する熟語といえる。

❏彼の技術は、**入神**《にゅうしん》の域に達している

「入神」は、人間ワザとは思えないような、極めてすぐれた領域に達すること。職人や演奏家の腕前、役者の演技、作家の文章をほめるときの最上表現の一つ。「まさしく入神の演技だ」「彼の紡ぎだす音楽は入神の域に達している」などと使う。

❏あの小説は、彼の作品のなかでも**白眉**《はくび》です

「白眉」は、衆人の中でもっとも傑出した者、あるいは同種のもののなかで、とくにすぐれたもの。かつて中国で、秀才揃いの兄弟にあって、眉の白い者がもっとも優れていたことから、この語が生まれた。「彼が一番だよ」「彼がダントツ」と言いたいとき、「彼こそ白眉だね」と言うと、大人の言葉になる。

❑**神がかり**の大逆転劇でしたね

「神がかり」は、神霊が人に乗り移ること。近頃では、すさまじい勢いなど、尋常ではない様子の形容に使われている。とくに、スポーツを熱く語りたいときには、重宝する言葉。「神がかりの好セーブを連発」「神がかりの大逆転劇」など。

❑そのアイデアは、**コペルニクス的転回**《てんかい》を含んでいますね

「コペルニクス的転回」は、見方や考え方が正反対に変わるたとえ。十六世紀、コペルニクスが地動説を唱えて、それまでの天動説をぐらつかせ、宇宙観に大転回が生まれたことに由来する。衝撃的で、想像さえしなかったアイデアの独創性をほめるのに、ぴったりの言葉。また、「わが社に、コペルニクス的転回を試みる社員はいないのか」のように使える。

⊙他人を評価するときの上手いフレーズ

❑彼は、**端倪**《たんげい》**すべからざる**大人物ですよ

「端倪」は、推測すること、事柄の深いところを推し量ること。「端倪すべからず」

は、容易には推し量ることができないという意味。器量の大きな人物、底知れぬ力を持っていそうな人物を指すときに、この言葉を使うと、その人の大きさ、底の深さをひと言で表せる。

❏彼は業界の風雲児《ふううんじ》だ

「風雲児」は、事態の変化などに応じて活躍する英雄。この「風雲」には、竜が風と雲に乗って天にのぼるように、英雄が世に現れ出る時期という意味がある。「うちの会社からも、風雲児が一人くらい出てもよさそうなものだ」「風雲児とまでは言わないが、何かやってくれそうな奴だ」などと使う。

❏あの人には、燻《いぶ》し銀《ぎん》の魅力がある

人のシブさをほめるときは、「渋くていい」「深みがある」という意を込めて、「燻し銀」を使いたい。「燻し銀」は、硫黄をかけて表面の光沢を消した銀のこと。そこから、渋くて味わいのあるものを指すようになった。表面的な派手さはないが、品格がにじみでている様子を表せる重宝な言葉だ。

❏彼はまさしく慧眼《けいがん》の士《し》だ

「慧」は賢いという意味で、「慧眼」は物事の本質を見抜く鋭い眼力のこと。「慧眼の士」という形で使うことが多いが、「慧眼に感服いたしました」「慧眼で知られる」などとも使う。いずれも、相手の眼力、見識に対する最高級のほめ言葉。なお、同じ意味の言葉に「炯眼《けいがん》」があり、こちらはもとは「鋭い目」という意味。文章で書くときは、「慧眼」のほうが喜ばれるだろう。

❏もはや枯淡《こたん》の境地に達している

「枯淡」は、人柄などが練れて、淡々としたなかにも、深みのあるさま。あっさりとしながらも、趣があるさま。熟年以上の人にほめ言葉として使える。また、画や音楽を評価するときにも、「画風が枯淡の域に到達している」などと用いる。

❏彼の天賦《てんぷ》の才にはかなわない

「天賦」は、天から授かったもの。生まれつき備わっている性質・才能。「天賦の才」「天賦の才能」という形でよく使い、恵まれた才能を讃えるための言葉。単に「天才」というよりも、「天賦の才」というほうが、言葉に華がある。

❑悠揚《ゆうよう》として迫らない態度

「悠揚」は、ゆったりして、こせこせしないさま。大人物を表現するときの定番表現の一つ。「悠揚として迫らぬ態度」という表現で、何事にも動じない人へのほめ言葉として使われる。

❑彼には大人《たいじん》の風格がある

この場合の「大人」は「たいじん」と読み、徳の高い人、度量のある人、人格者を表す。「さすが、大人でいらっしゃる」「彼ほどの大人になると、すべてお見通しだよ」などと使う。「なかなかの人物」というよりも、風格を感じさせる言葉。

❑名《な》にし負《お》う凄腕ですよ

「名にし負う」は、名高い、評判であるという意味。「名に負う」と同じ意味で、「し」は強調の副助詞。「名にし負う目利き」「名にし負う猛者《もさ》」などと使う。

❑野武士《のぶし》然とした振る舞いが魅力的です

一匹狼風で有能な人をほめるときの言葉に「野武士のよう」「野武士然」などと使う。「野武士」は、もともとは山賊まがいの略奪集団のことを指したが、時代が下がると、特定の主君を持たない侍をいうようになり、そこから一匹狼、管理に従わない熱い心を持った人、荒々しい魂を忘れていない人、ワイルドな人などを「野武士」と形容するようになった。

❏まるで古武士《こぶし》のようだ

「古武士」も「武士」を使ったほめ言葉。「古武士」は昔気質《かたぎ》の武士のことで、今では、信義に厚く、節操堅固な人の形容に用いられている。信義を大事にする人には「律儀者」という言い方もあるが、「古武士」のほうが断然迫力がある言葉。

❏彼の実力は、同期のなかでも一頭地《いっとうち》を抜いている

「一頭地を抜く」は、多数の者のなかで、一段とすぐれているさまを表す言葉。「一段上だ」「頭一つ抜けている」というよりも、「一頭地を抜いている」としたほうが、格調高い表現になる。その分、ほめた人に対して「口先だけでほめているわけではない」というニュアンスを伝えられ、賛辞に説得力が生まれるはず。

❑彼はまだ二十代ですが、**ひとかど**の実業家です

「ひとかど」は、他よりひときわすぐれていること、名に恥じぬ内容をもっていること。「いっぱし」「人並み以上」「一人前」などを品よく表した言葉といえる。「ひとかどの働きをする」「ひとかどの人物だ」などと用いる。

❑A社の社長は、ああ見えて**立志伝中**《りっしでんちゅう》**の人物**だよ

「立志伝中の人物」は、立志伝に登場する人。そこから、逆境から身を起こし、成功した人を表すようになった。苦労人に対するほめ言葉といえる。「彼は立志伝中の人物だけあって、少々の苦労は厭《いと》わない」「さすがに立志伝中の人物、転んでもタダでは起きない」などと使う。

❑いまや、彼はネット業界の**寵児**《ちょうじ》です

「寵児」のもとの意味は、特別にかわいがられている子どものこと。今では、世間でもてはやされている人物という意味で使われている。「時代の寵児となる」「文壇の寵児」など。「スター」「人気者」と同じ意味だが、この言葉を使うと、その人物

への世間の熱狂度をひと言で伝えられる。

❑彼女は、あの魅力で一世《いっせい》を風靡《ふうび》した

「一世を風靡する」は、ある時代に大変広く知られ、流行すること。「風靡」は、草木を靡《なび》かせるように、多くの者を靡き従わせること。「一世を風靡したファッション」「一世を風靡した大スター」などと使う。この言葉を用いると、その物や人が一時的にせよ、大変な人気だったことを表せる。

❑彼はクラシック音楽に精通《せいつう》しています

「精通」は、あることをよく知っていること。同じことでも、「オタク」と言うと小バカにしたようなニュアンスが生じるし、「ファン」というと軽い感じになる。単に「詳しい」というのもインパクトに欠ける。そんなとき、「精通」と表せば、熟語一つで、大人の知性と知識に対しての敬意を表せる。

❑彼は一種の奇才《きさい》ですね

「奇才」は、世に珍しい才能のこと。単に「秀才」というよりも、ナチュラルな才

能に恵まれたというニュアンスを込められる。似た言葉に「鬼才」があり、こちらは人間離れした鋭い才能のこと。

❏彼は日本史の泰斗《たいと》で

「泰斗」は、その道でもっとも権威のある人。「泰山北斗」の略で、「泰山」は中国の名山、「北斗」は北斗星のこと。泰山と北斗星は天地で抜きんでた存在であり、そこから今の意味が生まれた。「第一人者」「最大の権威」と同じような意味だが、より「言葉を知っているな」という印象を与えられる熟語。

❏〇〇翁《おう》は、こうおっしゃいました

「翁《おきな》」は、おじいさんという意味だが、ここでの「翁」は「おう」と読み、高齢の男性の名につける敬称。とくに、功績のあった老人に対し、畏敬の念をこめて、「豊田左吉翁の業績を再認識し」「松下幸之助翁をしのび」などと使う。

2 「けなす」「文句をいう」ときのちょっとしたコツ

◎そういう悪口フレーズがあったのか

❏もはや、彼は**前世紀の遺物《いぶつ》**だ

「前世紀の遺物」は、前の世紀から残っている昔のもの、つまりは時代遅れのもの。時代遅れのものをオーバーに表現したいとき、「前世紀の遺物」は恰好のひと言。厳密にいうと、二十世紀の間は十九世紀のものを指したが、いまは二十世紀のものを指すことになる。ただ、現実には、そこまで意識して使われてはいない。

❏強がってはいても、しょせんは**張《は》り子《こ》の虎《とら》**だ

虎は虎でも、ここでいう虎はオモチャの虎。型の上に紙を重ねて張った虎の置物で、首が動く仕掛けになっている。そこから一見、強そうではあるが、中身はたいしたことのない人物を「張り子の虎」と呼ぶ。「彼は一見強面《こわもて》だが、じつは張り子

の虎だ」「仕事を一緒にしてみれば、張り子の虎が多いことがわかるよ」などと使う。

❏そんな賢《さか》しらな顔をするものじゃない

「賢しら」は、利口そうに振る舞うこと。みんなわかっているのに、さも自分だけがわかったような得意気な発言や様子に対して、批判的に使うことが多い。「そんな賢しらな意見は聞きたくない」「賢しらな意見ばかりで、実感がゼロじゃないか」などと使う。

❏その話、いささか合点《がてん》がいかないな

相手の言い分を理解できないときに、「納得がいかない」「承知できない」と言うと、角が立ちやすい。そんなときに「合点がいかない」というと、ややクッションを置いた感じになって、相手をそうは不快にさせないはず。「合点」のもとの意味は、文章や表に入れる承諾ずみの印のこと、そこから「合点がいかない」で、事情をよく理解できないという意味になった。

❏うだつが上がらない亭主

「うだつが上がらない」は、出来の悪い夫や部下を表現するときの定番フレーズ。かつて、家の棟上《むね》げをすることを「うだつが上がる」といい、そこから「うだつが上がらない」は、金銭に恵まれない、よい境遇に恵まれないという意味になった。亭主などを陰でこきおろすときにはぴったりの言葉だが、本人の前で使うのはNG。

❏あのしたり顔が鼻持ちならないんだよ

「したり顔」は、うまくやったと言わんばかりの得意そうな顔、自慢げな顔のこと。肯定的な表現ではなく、憎たらしいという気持ちをこめて使う言葉ではあるが、「自慢顔」「得意そうな面」と表現するよりも、大人の形容ということができる。むろん、最近の流行語の「ドヤ顔」よりも。

❏あいつは、社長の鞄《かばん》持《も》ちだぞ、気をつけろ

「鞄持ち」は、上役の鞄を持って、お供をする者。そこから、上司にくっついて、へつらう者を意味する。「部長の鞄持ちになってしまって、情けない」などと使う。相手を侮蔑する言葉なので、面と向かっては使わないように。

❏彼には、専務の**息がかかっている**ようだ

「息がかかる」は、有力者の後援や支配を受けること。非難めいたニュアンスがあるので、やっかみ半分で悪口を言うときによく使われる。「取り込まれている」「組み込まれる」といった表現よりも、リアルにその雰囲気を表せる。

❏あの芸人のネタ、最近は**食傷**《しょくしょう》気味だね

「食傷」は、同じものを食べつづけたり、同じことがつづいたりして、飽きること。同じ事の繰り返しにうんざりした気分をひと言で表せる言葉。「いつも同じ話を聞かされて、いささか食傷気味だ」「いかにドラマ好きでも、こうも話がワンパターンでは食傷するね」などと使う。

❏彼の**二枚舌**《にまいじた》にはまいりましたよ

「二枚舌」は、嘘をつくこと。前と食い違うことを平気で言うこと。「嘘」「詐欺」「ペテン」などを言い換えた言葉といえる。嘘つき、ペテンというと、表現がキツすぎると思う場合は、こう言い換えるとよい。

❑口《くち》さがない連中は、どこにでもいるものですよ

「口さがない」は、人のことをあれこれ口うるさく批評するさま。「あの会社には、口さがない人が多い」「口さがない輩《やから》の言うことを信じるな」などと使う。

❑にべもない返事には驚かされました

この「にべ」は愛想、世辞という意味で、「にべもない」は愛想がない、そっけないこと。「にべもなく断られた」「にべもない対応に、どうしようもなかった」などと使う。相手の態度や言葉に対する失望の気持ちをイメージさせやすい言葉。

❑舌の根の乾かぬうちに、前言を撤回しやがって

「舌の根の乾かぬうち」は、言い終えてすぐにという意味。相手が前言とは違う発言をしたとき、非難する意味で使う。「舌先の乾かぬうちに」と誤用しないように。

❑通り一遍《いっぺん》の回答では、誰も納得してくれませんよ

「通り一遍」は、通るついでに立ち寄っただけで、深い馴染みがないこと。そこか

ら、うわべだけで誠意がないことをいう。「通り一遍の挨拶」「そんな通り一遍の解釈しかできないのか」などと使う。

◉そういう批判フレーズがあったのか

❑実績の伴わない口舌《こうぜつ》の徒《と》

口は達者だが、行動が伴わない人に対して使う言葉が「口舌の徒」。「口先だけのやつ」を大人っぽくした言葉で、相手を軽蔑して批判するときに用いられる。「この会社は口舌の徒ばかりだ」「口舌の徒の言うことに、だまされないでください」など。

❑彼は才気《さいき》走《ばし》っているが、結局、失敗するんじゃないの

「才気走る」は、いかにも才能がありそうに見えることをいう。できると見せかけている人をけなすときに、この言葉を使うと、その人物の「結局は、口先だけ」というキャラクターを鮮やかに浮かび上がらせることができる。

❏我利《が》《り》我利《が》《り》亡者《もうじゃ》のような真似をするものではない

「我利我利亡者」は、自分の利益だけを欲深く考える者を罵《のの》って言う言葉。その語感の強さから、欲深ななかでもワーストの印象を与える言葉。たとえば、調子に乗って私欲に走りすぎている人は、「あんな我利我利亡者、見たことがない」と陰で罵られることになる。

❏評判の美人も薹《とう》が立ってしまったね

「薹が立つ」は、おもに美しい盛りを過ぎた女性に対して用いる形容。「薹」はアブラナやフキなどの花茎のことで、伸びると硬くなって食べられなくなることから。本人が自虐的に使うのは自由だが、傷つけることになるので使うときは要注意。

❏あの学者は、カネで魂を売った曲学阿世《きょくがくあせい》の徒だ

「曲学」は真理から外れた学問、「阿世」は世間に阿《おもね》ること。「曲学阿世の徒」は、お金や名声のために、本来の学問からはずれて、世間や権力者に阿る人のこと。「御用学者」とほぼ同じ意味だが、より痛烈な言葉だ。「君は、あんな曲学阿世の徒の話を鵜呑みにしているのか」などと使う。

□しょせんは**匹夫《ひっぷ》の勇《ゆう》**ですよ

「匹夫」は身分の卑しい男、教養がなく、道理をわきまえない男のこと。そこから「匹夫の勇」は、深い考えもなく、ただ血気にはやった、つまらない勇気のこと。「それは、匹夫の勇にすぎないよ」「匹夫の勇では、この難所は突破できません」などと使う。血気ばかりが盛んな人をたしなめる言葉の一つ。

□彼は**如才《じょさい》ない**から

「如才ない」は、気がきいていて、抜かりがないこと。というと、ほめ言葉のようだが、現実には多くの場合、皮肉っぽく使われている。要領がよかったり、抜け目がない人に対して、嫌味を込めて用いられることが多い。ただし、「要領がよすぎる」「抜け目がない」というと角が立つが、「如才ない」といえば、たとえ嫌味であっても、洗練された感じの嫌味にはなる。

□ちょっと**奇《き》を衒《てら》いすぎ**かな

「奇を衒う」は、風変わりなことをして、人の関心をひくこと。「奇を衒っているよ」というと、風変わりさを批判する言葉になるが、「ちょっと気を衒いすぎ」と婉曲に言うと、アイデアのよさは認めているというニュアンスが多少加わり、批判の程度を弱めることができる。

❑教条《きょうじょう》主義に陥っていませんか

「教条」は、もとは教会が公認した教義。「教条主義」は、教義やマニュアルなどを尊重するあまり、現実を無視して、原理・原則を杓子定規に守ろうとする態度のこと。「ドグマティズム」ともいう。あまりに杓子定規で融通のきかない態度を批判するときに使うと、急所をつく表現になりうる。「あなたの言っていることは、教条主義以外の何物でもありませんよ」など。

❑漸進《ぜんしん》主義では、とても追いつけませんよ

「漸進」は、順を追ってじょじょに進むこと。「漸進主義」は、急激な手段を避け、順を追って少しずつ目的を達成しようとする考え方や方針。「少しずつ着実に頑張る手法」のことなのだが、「勇気がない」というニュアンスを含んで、批判的に用いられることが多い。「漸進主義と皮肉られようと、いまは着実に進むことだ」「漸

進主義では現状をブレイクスルーできない」などと使う。

❏あの会社には、**官僚主義**がはびこっている

「官僚主義」は、官僚組織をはじめとする大組織で起きがちな態度や気風のこと。前例主義、創意の欠如、傲慢といった傾向を否定的に表現する場合に用いる。「それは官僚主義というものですよ」「上層部に官僚主義者が多すぎる」などと使う。

❏それは、典型的な**合成の誤謬**《ごびゅう》じゃないですか

「合成の誤謬」は、個々人にとってはよいことも、全員が同じことをすると、悪いことを生んでしまうという意味。マクロ経済でよく使われる言葉で、たとえば一人ひとりにとって倹約は美徳だが、全員が倹約すると、経済全体では消費が落ち込み、景気が悪くなって、全員が貧しくなるような現象を指す。経済以外でも、全員がそれなりに頑張っているのに成果が出ていないようなとき、この言葉を思い出すと、問題の本質が見えてくることもあるだろう。

Step6

つい教養が出てしまう「四字熟語」の使い方

1 四字熟語を自分のモノにして使いこなす！

◎読んでみよう！　使ってみよう！——基本編

❏その説明、二律背反《にりつはいはん》になっていませんか

「二律背反」は、もとは哲学用語で、二つの命題が両立しえないこと。一般社会では「情報公開を要求している彼が、いざ自分に関係することとなると、プライバシーを主張するのは、二律背反じゃないか」「環境保護と経済成長は、二律背反の関係にあるのではないか」のように使う。単に「矛盾している」というよりも、論理的に聞こえるかも。

❏人品骨柄《じんぴんこつがら》いやしからざる紳士

「人品骨柄」は、その人全体から感じ取れる品格のことで、「人品骨柄、申し分ない方ですよ」のように使う。単に「人品にすぐれた」でもほめ言葉になる。

❏引退後は、花鳥風月《かちょうふうげつ》を友としております

「花鳥風月」は、自然の美しい風景。「花鳥風月を友とする」は、自然に親しみ、風流な生活をすることで、「自然を毎日楽しんでいます」を大人っぽく言い換えられる成句。「余生は郷里で花鳥風月を友としたいと思います」というように使う。

❏意味深長《いみしんちょう》なお言葉ですね

「意味深長」は、奥深い意味を持っていること、裏に別の意味が隠されていること。「意味深長」と言うと、その略語の「イミシン」よりも、より奥深さを感じさせる表現になる。「彼の発言には、意味深長な部分がある」「その文章、なかなか意味深長だね」などのように。

❏彼は不偏不党《ふへんふとう》の立場を崩さないね

「不偏不党」は、いずれの主義や党派にも加わらないこと。自主的で公正な立場をとること。自由で独立した立場を格調高く言った四字熟語といえる。「不偏不党の立場から言えば」など。

❏単刀直入《たんとうちょくにゅう》に申し上げます

「単刀直入」のもとの意味は、刀一本で敵陣に切り込むこと。そこから、前置きを省いて、すぐに問題の核心に迫ることをいう。「時間がないので、単刀直入に本題にはいります」「前置きはいいから、単刀直入に話してくれ」などと使う。

❏なんと、笑止千万《しょうしせんばん》な話だ

「笑止」はバカバカしいこと、滑稽なこと。「笑止千万」は、ひじょうにバカバカしいこと、滑稽このうえない様子。他者の言動について「それは明らかにおかしい」と評したいときに使う言葉。ただし、相手を頭からバカにする悪口なので、面と向かっては使わないように。

❏誤解も解け、晴れて青天白日《せいてんはくじつ》の身になった

「青天白日」は、きれいに晴れ渡った天気のこと。そこから、潔白でやましい点がない、無実という意味になった。「私は青天白日の身です」「青天白日の身かどうかは、調べてもらえばわかることです」などと使う。書くときは「晴天白日」と書か

ないようにご注意のほど。

❑軽妙《けいみょう》洒脱《しゃだつ》な一句

「軽妙洒脱」は、軽やかで、しゃれているさま。あか抜けたものを形容するときの、気のきいた言葉の一つ。「こじゃれている」「スマート」を〝昭和の大人〟っぽく言い換えた表現ともいえる。「軽妙洒脱な文章」「軽妙洒脱なひと言」などと使う。

❑当《とう》意《い》即《そく》妙《みょう》の答えに感心する

「当意」は、その場で即座に考え、工夫すること。「当意即妙」は、その場の状況や変化に合わせて、即座に機転をきかして対応すること。気がきいているさまをひと言でポジティブに表せる。「彼の当意即妙な応答ぶりに感心させられた」など。

◉読んでみよう！　使ってみよう！――応用編

❑どちらの側につくのか旗《き》幟《し》鮮《せん》明《めい》にしろ

「旗幟」は、旗と幟《のぼり》のことで、戦場で敵味方の区別をつけるための目印。そこから、自分の立場や主義主張を指す。「旗幟鮮明」は、立場や主義主張を明らかにすることで、勢力争いを語るときによく使う。「旗幟を鮮明にしない者は信用できない」など。

□虚心坦懐《きょしんたんかい》に考えましたところ

「虚心坦懐」は、心にわだかまりがなく、平静な態度で物事にのぞむこと。自分が冷静かつ偏りのない立場にあることを改まった口調で言いたいときに使える。「いまは虚心坦懐に話し合うときではありませんか」などと用いる。

□彼の天衣無縫《てんいむほう》な性格には、誰もが魅了される

「天衣無縫」は、性格が無邪気で、飾り気がないこと。天女の着物には縫い目がないことから、詩歌などにわざとらしさがなく、自然かつ美しいことの形容に使われた。転じて、人間の性格にも使うようになって、今の意味に。自由闊達でノビノビした人物を語るときには、上級のほめ言葉になる。

□有象無象《うぞうむぞう》の意見には、とらわれないほうがいい

「有象無象」は、雑多なつまらぬ人たちのこと。たとえば、何かにつけてクヨクヨしがちな人には、「有象無象の言うことなど、聞き流しておけ」とアドバイスできる。もとは仏教用語で、形を持つものと持たないもののこと。

❏今さら切歯扼腕《せっしやくわん》しても始まりませんよ

「切歯」は歯ぎしり、「扼腕」は自分の腕を握りしめること。ともに、感情が高ぶったときに行う行為であり、「切歯扼腕」は、ひどく残念がったり、怒ったりすることを。無念な思いを映像的にリアルに表せる四字熟語。

❏それは、気宇壮大《きうそうだい》なご計画ですね

「気宇」は、物事に対する心の持ち方、心構えのこと。「気宇壮大」はそれがひじょうに大きいことを表す四字熟語。相手の器量やスケールの大きさを感嘆する気持ちをひと言で伝えるのに便利な言葉。

❏五臓六腑《ごぞうろっぷ》にしみわたりますね

「五臓」は肝臓・心臓・脾臓・肺臓・腎臓、「六腑」は大腸・小腸・胆・胃・三焦・

膀胱で、「五臓六腑」はその総称。腹の中、心の中のことを表す。「五臓六腑にしみわたる」「五臓六腑が煮えくり返る」という形で使うことが多い。

❏捲土重来《けんどちょうらい》に期待していますよ

「捲土重来」は、一度失敗した者が新たな意気込みでやり直すこと。見出しにしたフレーズは、失敗した人を慰め、奮起させるときの定番句。単に「がんばってください」というよりも、再起を期待している気持ちを強く伝えられる。「捲土重来を期して、もう一度やり直そう」「捲土重来のためにも、いまは内部改革のときです」などと使う。

❏彼の博覧強記《はくらんきょうき》ぶりには驚かされますよ

「博覧強記」は、広く本を読み、よく覚えていること。つまりは、大変な物知りのことなのだが、単に「物知り」というよりは、大人っぽく聞こえ、かつ敬意を含む四字熟語。教養豊かな人を紹介するときに、ぴったりの言葉といえる。

❏羊頭狗肉《ようとうくにく》の商品は売れないよ

「羊頭狗肉」は、見かけ倒しのたとえ。看板には羊の頭を掲げながら、実際には犬の肉を売っていたという故事から生まれた言葉。見かけと実質が一致しないことを批判するときに使われる。「こんな大げさな宣伝をしたら、後で羊頭狗肉と批判を受けるぞ」「これだけ写真と現物が違っては、羊頭狗肉と言われてもしかたない」などと使う。

❏業界に合従《がっしょう》連衡《れんこう》の気運が生まれています

「合従」「連衡」は、ともに古代中国で提唱された外交政策。そこから「合従連衡」は、情勢に応じて、いくつかの勢力が結び合うこと。あるいは、その駆け引き。駆け引きと策謀に満ちた様子をひと言で表した四字熟語中の〝名作〟といえる。「与党が合従連衡を仕掛けてくる」「合従連衡の話ばかりで、理想がない」などと使われている。

❏八面六臂《はちめんろっぴ》のご活躍ですね

「八面六臂」は、八つの顔と六つの腕を持つ仏像のこと。そこから、多方面で活躍することのたとえ。「あちらこちらで大活躍ですね」「多方面でご活躍」と言うよりも、さらに強調して相手をほめあげることができる。

❏ここは一蓮托生《いちれんたくしょう》で、あなたに賭けてみます

「一蓮托生」は、最後まで行動や運命をともにすること。結束力の強さを演出したいときに、効果的な四字熟語といえる。「一蓮托生でやってみましょう」と力強く言えば、優柔不断な相手も腹を決めるかもしれない。

❏そんなもの、後生大事《ごしょうだいじ》にとっておかなくても

「後生大事」は、大事にすること。あるいは、安泰を第一に思うこと。近年では、批判的な意味に使われることが多い。「デパートの包装紙なんて、後生大事にとっておいて、いったい何に使う気なの」など。

❏その話、自家撞着《じかどうちゃく》に陥っていませんか

「撞着」は、辻褄の合わぬこと。「自家撞着」は、同じ人の発言や行動があとと先とで矛盾すること。多くは「自家撞着に陥る」という使い方をする。「矛盾する」「辻褄が合わない」をやや高尚に言い換えた表現といえる。

❏人事部に生殺与奪《せいさつよだつ》の権を握られる

「生殺与奪」は、生きること、殺すこと、与えること、奪うこと。多くは「生殺与奪の権を握る」という形で用い、その意味は、本当に殺すとまではいかないものの、他者の運命を思いのままにすること。「専務派に生殺与奪の権を握られないうちに、反撃しよう」「すでに生殺与奪の権をアメリカに握られてしまったようだ」などと使う。

❏彼は、自分が夜郎自大《やろうじだい》だということに気づいていない

「夜郎」は、かつて中国大陸にあったとされる小国の一つで、中国・漢王朝よりも自らのほうが強大と思っていた。そこから、「夜郎自大」は、自分の力量を知らず、空威張りしていること。自分の非力さをわきまえずに、尊大にふるまう者を一刀両断にできる四字熟語。

❏いまは乾坤一擲《けんこんいってき》の大勝負に出るときです

「乾坤」は天と地、「一擲」はサイコロを一回ふること。「乾坤一擲」は、サイコロを投げて、天が出るか地が出るかを賭けること。そこから、運命をかけるような大きな勝負をすることをいう。勝負に出るときの決意を表したいときに、ピタリと当てはまる四字熟語といえる。「乾坤一擲、やってみましょう」「乾坤一擲の事業にとりかかる」など。

❏閑話休題《かんわきゅうだい》、話を整理しますと

「閑話休題」は、余談をやめて話を本題に戻すときに用いる語。これで「それはさておき」と読ませることもある。話し言葉よりも文章で使うケースが多く、文中に「閑話休題」とあると、「話を本筋に戻しますよ」というシグナル。

◉読んでみよう！ 使ってみよう！——ハイレベル編

❏疾風怒濤《しっぷうどとう》の時代を生き抜くには

「疾風」は早く吹く風、「怒濤」は荒れ狂う大波。「疾風怒濤」はドイツの文学運動「シュトゥルム＝ウント＝ドラング」の日本語訳だが、その後、意味が広がり、激しく大きな変化、激動のたとえとして用いられてきた。「幕末という疾風怒濤の時代」といった具合。

❏隔靴掻痒《かっかそうよう》の感が否めませんね

「隔靴掻痒」は、思いどおりにいかなくて、もどかしいこと。靴の上からかゆいところをかいても、かゆみが取れないところから、この言葉が生まれた。もどかしい気持ちをひと言で表せる使い勝手のいい四字熟語で、「隔靴掻痒の状態を解消するには」などと使う。

❏彼の片言隻句《へんげんせっく》**も聞き逃すな**

「片言隻句」は、ほんのちょっとした言葉。「片言隻語」ともいう。「人の話を注意して聞きなさい」と促したいときに効果的な言葉といえる。「片言隻句の中に、本音が混じっているはずだ」「片言隻句、漏らさずに書き留めておけ」など。

❏その意見は、牽強付会《けんきょうふかい》**というものですよ**

「牽強付会」は、道理に合わないことを、自分に都合のよいように無理にこじつけること。現代では、相手の考えに疑問を投げかけ、批判したいときに使われている。

「この報告書は牽強付会にすぎますよ」「そんな牽強付会なことを言っていると、誰からも相手にされなくなるよ」など。

❏先ほどのお言葉、**拳拳服膺**《けんけんふくよう》したいと存じます

「拳拳」は両手で恭《うやうや》しくささげ持つこと、「服膺」は胸につけるという意味。そこから、「拳拳服膺」は、心に止め、忘れないこと。よい話を聞いたさい、その言葉を今後、自分の信条にしたいという気持ちを伝える定番フレーズ。相手への最大限の敬意と感謝を伝えられる。「拳拳服膺したい名言」「拳拳服膺して金科玉条といたします」などと用いる。

❏**独立不羈**《どくりつふき》の精神が必要なときです

「独立不羈」は、他からの束縛を受けずに、自らの考えに従って事を行うこと。「自主独立」をさらに強調したいときに活用できる言葉。「独立不羈の精神がないと、この難所は乗り切れません」「独立不羈の精神があってこそ、会社は成長できるのです」などと使う。

❏春風駘蕩《しゅんぷうたいとう》としたお人柄

「春風駘蕩」は、春風がそよそよと吹くさま。そこから、温和な人柄の形容に使われる。「春風」のおだやかな語感から、ソフトで温かい人柄をイメージさせやすい四字熟語といえる。また、春になった喜びを表現して「春風駘蕩の季節がやって来た」というようにも使う。

❏企画部は専務一派の金城《きんじょう》湯池《とうち》ですからね

「金城湯池」は、金でつくった城に熱湯をたたえた堀。そこから、堅固な城をいい、現代では、他から侵害されにくい自らの勢力範囲を指す。「九州はA社の金城湯池なので、なかなか食い込めません」「この部門はわが社の金城湯池」など。勢力地図を語るときに使うと、戦略眼がありそうに見える言葉。

❏右顧左眄《うこさべん》するばかりだと、やがて自分を見失うよ

「右顧左眄」は、右を見たり、左を見たりすること。そこから、周囲の状況や思惑ばかりを気にして、決断できずに迷うことをいう。「様子見」「臆病」「信念がない」「風見鶏」といった様子を目に浮かぶように四文字で表した言葉。

❑部長ときたら、社長に阿諛追従《あゆついしょう》するばかりで

「阿諛」も「追従」も、へつらうこと、おべっかを使うこと。「へつらう」「おべっか」といった言葉を用いると、俗っぽい悪口になるだけに、口にしたほうも品を落としがちだが、この四字熟語を使えば、多少は下品な感じが薄まる。

❑乳母日傘《おんばひがさ》で育てられた三代目

「乳母日傘」は、過保護に育てられること。乳母をつけてもらい、外出時には日傘をさしてもらうほど、大事に育てられることから、生まれた言葉。「過保護」と言うと身も蓋もないが、この言葉なら、裕福な家庭で大切に育てられたというニュアンスを含む。「乳母日傘で育てられたものだから、その手のことは知らないんだ」「乳母日傘育ちと聞いていたが、意外に精神的にタフだ」などと使う。

2 三文字の漢字を自分のモノにして使いこなす！

◉読んでみよう！　使ってみよう！――基本編

❑そんな小細工《こざいく》を弄するようでは、彼も落ちたものだな

「小細工」は、こまごまとした手先の細工。そこから、小手先という意味合いが強まり、すぐに底の見えるつまらない策略を指すようになった。「小細工を弄する」という表現で用いることが多い。相手の浅薄な知恵をけなすのにぴったりくる言葉。

❑彼の真骨頂《しんこっちょう》は、交渉力にあります

「真骨頂」は、そのもの本来の姿。「ついに本気になって、真骨頂を発揮する」「まだまだ真骨頂を発揮したとはいえない」などと使う。また、専門、表芸のほかにも凄い部分があるという意味でも使われる。たとえば、「彼は経理畑のベテランではあるが、じつは彼の真骨頂は交渉力にある」という具合。

❏これは、革新的というより、破天荒《はてんこう》な試みだ

「破天荒」は、いままで誰もしたことのないことをすること。前代未聞。「天荒」は未開の土地のことで、昔の中国で、その天荒（未開地）からは科挙の進士合格者がいなかったが、ある人物が初めて合格して、「天荒」の歴史を破ったところから「破天荒」となった。なお、「破天荒な人」は、これまでいたことがないような人物のことであり、〝荒っぽい人物〟のことではないので、ご注意のほど。

❏未曾有《みぞう》の困難に立ち向かう

「未曾有」は、「いま（未）だかつ（曾）てあ（有）らず」の意味。今まで一度もなかったこと、きわめて珍しいことをいう。「未曾有の大惨事」「未曾有の大事故」など、悲劇や惨事に使われる一方、「未曾有の作品」「未曾有の出来」など、肯定的形容にも使われる。

❏それは、あまりに短兵急《たんぺいきゅう》な結論ですね

「短兵」は、短い武器。「短兵急」は、短い武器、つまり刀や剣で、いきなり敵に

攻撃を仕掛けるさま。そこから、だしぬけに行動を起こす様子を表す。ビジネスシーンでは、「あまりに短兵急な発言」「そんなに短兵急に判断しなくても」のように、慎重な判断を求めるときに使われる。

❏彼女は、歌舞伎に関しては一家言《いっかげん》もっている

「一家言」は、その人独特の主張や意見。あるいは、見識ある意見のこと。その道の通《つう》や博識な人をリスペクトする言葉であり、「彼はああ見えて、マクロ経済に一家言持っている」などと使う。

❏そのことは、ボクの胸三寸《むねさんずん》におさめておくよ

「胸三寸におさめる」は、胸のうちにしまっておくこと。大人社会では、暗に「他言はしない」という意味で使われている。「内密にしておく」「誰にも言わない」という言い方をすると、いかにも秘密が生じたような感じになるが、この言葉を使うと、秘密めいた感じを多少は薄めることができる。なお、「胸先三寸」はよくある誤用。

◉読んでみよう！　使ってみよう！——応用編

❏ここが、失敗か成功かの**分水嶺**《ぶんすいれい》となりました

「分水嶺」は、雨水や川の水の水系が分かれる山稜のこと。そこから、比喩的に、物事の境目、分かれ目を指す。「歴史の分水嶺となった事件」「両者の浮沈の分水嶺となった戦い」などと用いる。

❏**幾星霜**《いくせいそう》を経て、今日の隆盛にたどりつきました

「星霜」は、歳月、年月のこと。星が一年で天を一周し、霜は年ごとにおりることから、この言葉が生まれた。「歳月」「年月」の重みを詩的に言い換えた言葉といえる。「星霜を経る」という形で使うことが多く、とりわけ長い歳月を経てきた場合は「幾星霜を経る」と表現する。

❏それは、**弥縫策**《びほうさく》というものでしょう

「弥縫」は、失敗や欠点をとりつくろうこと。「弥縫策」は、一時的にとりつくろ

う策。抜本的な解決策を考えようとしない者を批判するときに、よく使われる言葉。「そんな弥縫策では誰も納得しませんよ」「弥縫策では、すぐにボロが出ますよ」など。

❏アジア市場に**橋頭堡**《きょうとうほ》を築く

「橋頭堡」は、もとは橋を守るための堡塁のこと。やがて、攻撃の足場となる上陸地点という意味が加わり、今は事を起こす足がかり、拠点という意味で使われている。「博多支店を九州エリア攻略の橋頭堡とする」など。企画書などに、戦略性を感じさせる言葉として使える。

❏彼女は、狂言の**見巧者**《みごうしゃ》でしてね

「見巧者」は、芝居などを見慣れていて、見方が上手なこと。その方面を趣味とする人に対しては、相当のほめ言葉であり、「彼女は狂言をよく知っていて」と紹介するよりも、「彼女は狂言の見巧者で」と紹介したほうが、その人の気分はずっとよくなるはず。「さすが見巧者は、鋭い見方ですね」「役者も選手も、見巧者によって鍛えられる」など。

❏しょせんは半可通《はんかつう》にすぎないんですよ

「半可通」は、よく知らないのに知ったふりをすること。通ではないのに、通ぶる人間を嘲るときの言葉。「相撲好きといっても、しょせんは半可通です」「彼の話を聞くと、すぐに半可通だということがわかりますよ」などと使う。

❏外連味《けれんみ》のない芸

「けれん」は「外連」と書き、もとは歌舞伎や人形浄瑠璃などで、奇抜さを狙ったわざとらしい演技・演出のこと。そこから、「外連味」は、はったりをきかせたり、ごまかしたりすること。その否定語の「外連味がない」は、はったりやごまかしのないことをいう。「外連味のない真っ向勝負」「外連味のない素直な態度」などと使う。

◉仕事でもよく使うあのことば

❏それは結果論でしょう

「結果論」は、事が起きたあとで、あれこれ論ずる無意味な論のこと。「結果論を云々してもしかたないでしょ、この失敗から何を学ぶかです」などと使う。失敗の後、訳知り顔に分析して見せる者の口を封じる一語。

❏〇〇を軟着陸《なんちゃくりく》させる

「軟着陸」は、もとは宇宙船が衝撃を受けないように、減速しながら静かに着陸すること。それが慣用句化して、ビジネスでは、強引に決着をつけるのではなく、根回しを十分に行い、落としどころを見つけて、物事を慎重に決着させるという意味で使われている。また、マクロ経済では、景気などを急速に失速させないよう、ゆるやかな変化・改善を図ることをいう。「ソフト・ランディング」ともいう。

❏管理を一元化したほうがよいのでは？

「一元化」は、いくつかに分かれている問題や組織などを統一すること。ところが、現在のビジネスでは、事実上、人員削減や規模縮小の言い換えとして使われている。たとえば、「営業と販売を一元化する」「窓口を一元化する」といえば、その分、人員を削減すること。反発を買いやすい人員削減や規模縮小に、オブラートをかぶせた言葉といえる。

❏君の話は**観念的**すぎてよくわからない

「観念的」は、具体的事実にもとづかず、頭の中だけでつくられたさま。要は「頭でっかち」のことで、批判的な意味合いを含んでいる。難しくて退屈な小説、評論、映画などに対して使うことが多い。あるいは、ビジネスでは「君の意見は観念的すぎる」「こんな観念的な言葉を使っても、伝わらないよ」などと用いる。「もっと現実的に物事を見たら」を小難しく言う言葉ともいえる。

❏あの部署では、**箝口令**《かんこうれい》が敷かれたってよ

重要な秘密について、「絶対に口外してはならない」と強調したいときに使うのが「箝口令を敷く」。「箝」は首枷《かせ》のことで、「箝口」は口をつぐんで言わないという意味。部下や同僚が口を滑らせかけたとき、「それは箝口令だ」「箝口令が敷かれているぞ」などと注意するのにも使える。

❏アジア市場は、あの会社の**生命線**だ

「生命線」は、生きるか死ぬかの境。侵されてはならない最後の限界のこと。「相

手の生命線を脅かす」「不況下にあっても、わが社の生命線は万全だ」などと使う。
おもに、国家や組織の存亡を語るときに用いる言葉なので、この言葉をはさむと、
話に重みが出てくる。ただし、乱発すると「大げさな奴」と思われるだけ。

□ライバルに敵愾心《てきがいしん》を燃やす

「愾」には恨み怒るという意味がある。「敵愾」は『春秋左伝』の「諸公、王の愾する所に敵《あた》りて其の功を献ず」から生まれた、君主の恨みを晴らそうとする気持ち。「敵愾心」は、敵に対して、強く抱く憤りや相手と戦おうとする心。「敵愾心がないと、競争に勝てないぞ」「君には敵愾心というものがないのか」などと使う。

Step7

さりげなく使いこなしたい カタカナ語

1 知ってるだけで仕事で差がつくカタカナ語

◎一度は、交渉相手にいってみたいことば

❏じゃあ、その件は○○さん**マター**ということで

「マター」は英語のmatterで、事柄、事件、問題などを意味する。ビジネスでは、「○○さんの担当」という意味で、「○○マター」と言うことがある。この場合、尊敬のニュアンスは含んでいないので、「部長マター」などというと、目上は生意気に感じるかもしれない。また、自分の会社の仕事を「わが社マター」、役所の仕事を「役所マター」と言ったりもする。

❏ここは**バーター**ということで、よろしくお願いします

「バーター」は、英語では物々交換の意味。日本では、交換条件という意味で使うことが多い。人気商品を融通する代わりに、不人気商品も引き受けてもらったり、

先方の不人気商品を買う代わりに、こちらの不人気商品も買ってもらうなど。「そのバーターじゃ折り合わんよ」などと使う。

❏まずは、**イシュー**を整理してみましょう

「イシュー」は英語のｉｓｓｕｅで、論点、問題点のこと。「イシューを整理する」というと、「問題点を整理する」という意味。日本語に直せば、当たり前のことを言っているだけなのだが、カタカナ語を使うと、知的なビジネスマンという印象を持ってもらえるかも。

❏御社とは、**ウィン・ウィン**の関係を結びたいと思います

「ウィン」は勝つ（ｗｉｎ）ことで、「ウィン・ウィン」の関係は、ビジネスなどで取引・交渉を行う両者がいずれも利益を得られる関係のこと。自社の利益ばかりを考えず、相手も利することが、結局は自社の利益につながるという意味。

❏今日のところは、**ペンディング**にしていただけますか

「ペンディング」は、保留、未解決の状態にとどまるという意味。会議や商談など

で、とりあえず答えを出したくない問題について、「その件はペンディングしておきましょう」などと使われている。本音では「中止」「ペケ」「NG」なのだが、そう言うとカドが立つ場合、「とりあえずペンディングで……」と口を濁し、そのまうやむやにするといった使い方がされている。

❑御社とは**サステイナブル**な関係を築きたいと存じます

「サステイナブル」は、「持続可能な」という意味の英語。近年、「サステイナブルな開発」などと、地球環境問題とからめて使われることが多い。ビジネスでは、「無理をいうのもいいかげんにして、サステイナブルな関係にもっていっては」というように使われる。

◉上司・同僚から言われたことありませんか？

❑その企画は、**ブラッシュアップ**する必要がありますね

「ブラッシュアップ」は、磨き上げること。さまざまな場面で使われ、「あの企画は、ブラッシュアップすれば、使えるんじゃないか」「少々ブラッシュアップした

ところで、元がダメなものはダメだよ」などと使う。多くは、企画や商品の向上を図るときに使うが、場合によって逃げ口上にも使える。「今日の企画は、後ほどブラッシュアップするということにしまして」と言えば、「この企画はやめておきましょう」という意味にもなる。

❏この案件は**マスト**です！

ビジネスで使う「マスト」は、船の帆柱の「ｍａｓｔ」でなく、「必ず〜しなければならない」を意味する「ｍｕｓｔ」。絶対にはずせない案件、最重要項目という意味で使われる。「マストでお願いします」、「いまどきの家庭では、マストの商品ですよ」などと用いる。

❏**レスポンス**が早いので助かります

「レスポンス」は、応答、対応、返事のこと。「彼はレスポンスが早い」といえば、すばやい仕事ぶりに対する高評価、「彼はレスポンスが遅い」といえば、怠惰な仕事ぶりに対するマイナス評価を含む。また、処理速度の遅いパソコンに対して、「レスポンスが遅い」ということもある。

❏その案、部内の**コンセンサス**は得ているの？

「コンセンサス」は、意見の一致、合意のこと。ビジネスで「コンセンサスを得る」「コンセンサスを取る」と言うと、要は「根回しをする」ということ。「すでに、あの会社のコンセンサスを得てあります」というように使う。

❏まずは、**プライオリティ**をはっきりさせましょう

「プライオリティ」は、優先順位のこと。優先順位が低いものは「プライオリティが低い」、優先順位の高いものは「プライオリティが高い」となる。「プライオリティをつけられないようじゃ、まだ半人前だ」というように使う。また、「優先権」という意味もあり、「その件はわが社にプライオリティがある」というように使われることもある。

❏**ポジショニング**をより明確にする必要があります

「ポジショニング」は、一般には単に「位置を決める」ことだが、ビジネス用語として使う場合は、やや意味が異なる。ビジネスでは、自社の商品を他社と差別化し

て、マーケットで独自のポジションを確保しようとすることをいう。「まだ、ポジショニングが曖昧だよ」「ポジショニングがなっていない」など。

❑彼一流のレトリックに、ごまかされるなよ

「レトリック」は、直訳すると、修辞法または修辞学。話に説得力をもたせるため、言葉や文章を効果的に用いることをいう。「三島由紀夫のレトリックは、文章を書くうえで参考になる」と好意的に使うこともある反面、ビジネスでは「口先で言いくるめる」「屁理屈を駆使する」といった意味でも使われている。「また、A君のレトリックにしてやられたな」「あいつはレトリックはうまいが、それだけの奴だ」のように。

❑イニシアチブを取らなきゃ勝てないぞ

「イニシアチブ」は、物事を率先して行うこと、主導権といった意味。ビジネスでは、会議の進行、仕事の進め方、商談など、さまざまな場面でイニシアチブが求められる。「課長のイニシアチブで会議が進んだ」などと用いる。

⊙ビジネスマンなら普通に使いこなしたいカタカナ語

❏今回の商品は、既存の商品を**マイナーチェンジ**しただけだ

「マイナーチェンジ」は、小さな手直しのこと。たとえば、自動車のモデルチェンジには、「フルチェンジ」と「マイナーチェンジ」があり、車名は同じだがデザインや機能がまったく異なる場合はフルモデルチェンジ、一部の技術改良や不具合の解消のみの場合はマイナーチェンジという。「マイナーチェンジばかりじゃ、そのうち飽きられますよ」などと使う。

❏新しい**ビジネスモデル**を提案する

「ビジネスモデル」は、直訳すれば「仕事の型」だが、ビジネス社会では「利益を生み出す具体的仕組み」といった意味で使われている。要は、「売れる仕組み」「儲けになるシステム」のこと。ネットビジネスをはじめ、新興企業の収益スタイルについて使われることが多いが、本来、どの事業にもビジネスモデルが存在するはず。この言葉、じつは和製英語で、本場の英語では「ビジネスメソッド（business method)」という。

❏**パラダイム**の変化についていけない

「パラダイム」は、ある時代に支配的な考え方や思考の枠組みのこと。その業界を支配する価値観という意味で使われることもある。パラダイムが変化することを「パラダイムシフト」、あるいは「パラダイムチェンジ」という。「部長は、今起きているパラダイムシフトに、まるでついていけないようだ」など。

❏今回のプロジェクトは、次のような**スキーム**で行います

「スキーム」は、一九九〇年代頃からよく耳にするようになった言葉。計画、体制という意味なのだが、この言葉を使うと、斬新な取り組みのようにも聞こえる。国レベルの政策や大型プロジェクトについて使われることが多いので、小さな仕事の進め方について用いると、大げさすぎると思われるかも。

❏今回の仕事の**カウンターパート**は〇〇さんです

「カウンターパート」は、もとは二つあるものの片方という意味。外交やビジネス

では、対等な地位・ポジションにあって、仕事を進めていく相手のこと。「日本の財務大臣のカウンターパートは、アメリカでは財務長官だ」「今回の合同プロジェクトでは、私のカウンターパートは御社のAさんになります」というように使われている。単に「仕事の相手」「担当者」というよりも、仕事ができそうに聞こえる言葉。

❏わが社も、そろそろソリューションビジネスに参入すべき時期だ

「ソリューション」は、もともと問題の解決法のことだが、日本のビジネス社会では、もっぱら情報関連や経営コンサルタントがらみで使われることが多い。単なる問題解決でなく、新しいビジネスモデルの構築や情報システムの刷新によって問題を解決するときに用いられるケースが増えている。「ソリューション事業を行う」「ソリューション営業を強化する」といった使い方をする。

2 カタカナ語をさり気なく使いこなすコツ

◎どんな形容？　どんな評価？

❑もう少し、**ロジカル**に話してほしいな

「ロジカル」は、日本語でいえば「論理的」だが、カタカナ語を使うと、よりシャープな論理を求めるニュアンスが強くなる。「彼の話はロジカルではない」「ビジネスはロジカルに考えなきゃ」などと使う。

❑もっと**フレキシブル**に対応できないものか

「フレキシブル」は、直訳すると、柔軟性のあるさま、融通のきくさま。日本のビジネスシーンでは、臨機応変な態度という意味で使われている。多くは「フレキシブルな対応」という形で用いられ、「フレキシブルに対応せよ」というと、「もっと融通をきかせろ」「頭を柔らかくしろ」というのと、ほぼ同じ意味。

❏ソフィスティケーテッドされた商品

「ソフィスティケーテッド」は、人格、考え方、趣味などが、洗練されているさま、都会的なさまのこと。「ソフィスティケーテッドされた身のこなし」「ソフィスティケーテッドされた服装」などと使う。洗練されたさまを英語で表しているだけだが、口にする当人もソフィスティケーテッドされているかのように思われる。

❏しょせんは構造主義のエピゴーネンですよ

「エピゴーネン」は、日本語では「亜流」。先鋭的な思想や文学、芸術などを追随し、真似をしているだけのものや人のこと。独創性のない模倣者、追随者という意味であり、そういう輩を知的にけなせる言葉の一つ。「あの噺家は、しょせん立川談志のエピゴーネンだ」というような使い方をする。

❏ホスピタリティにあふれた態度

「ホスピタリティ」は、英語で病院を意味する「ホスピタル」に、状態や程度を示して名詞化する「ｉｔｙ」をつけた言葉。意味は、相手に対する思いやり、または相手を手厚くもてなすこと。近年、日本でも、接客業を中心によく使われるようになり、「あの店のホスピタリティには見習う点が多い」「君は、顧客に対するホスピタリティが足りない」などと使われている。

❏彼の**ポテンシャル**は、まだまだこんなものじゃないはずだ

「ポテンシャル」は、潜在能力のこと。まだ、結果は出していない相手を評価するときには便利な言葉。「君のポテンシャルはもっと高いはずだ」などと、部下を励ませば、きっと発奮してくれることだろう。「あの企業のポテンシャルを考えれば、株価がもっと上がっておかしくない」といった使い方もする。

❏**シズル**感あふれる広告

「シズル感」は、広告業界でよく使われる言葉。英語で肉がジュージュー焼ける音を表す「ｓｉｚｚｌｅ」から来た言葉で、日本の広告業界では、見るだけで食べたくなるようなイキイキとした状態を指すようになった。現在は、食品だけでなく、人物や他のものに対しても使う。「この広告にはシズル感が不足している」などと用いる。

◎なるほど、こういう状況で使うことばだったのか！

❏ベクトルの方向が違うから、競争にはならないよ。

「ベクトル」は、もともとは幾何学の用語だが、ビジネスや日常生活では、「ベクトルの方向」という形で、力を入れている方向性という意味で使われている。「私と彼では、ベクトルの方向がまるで逆だ」などと使う。

❏二人のコラボレーションが、いい味を出しているね

「コラボレーション」は、共同制作、共演、合作などのこと。もとは、音楽や映画などで、異色の組み合わせというケースに用いられた用語だが、近年では、企業同士、企業とデザイナー、企業と雑誌など、さまざまな共同プロジェクトに対して使われている。略して「コラボ」で、「量販店と有名レストランがコラボした新商品」というように使われている。

❏いいアウトプットを生み出すには、いいインプットが大切だ

「アウトプット」は、出力のこと。ビジネスでは、意見や情報を出すこと、仕事に役立つアイデアを出すこと、またはその意見やアイデア、商品そのものという意味で使われている。なお、「そのデータ、アウトプットしておいて」と言われれば、パソコン内のデータをプリントアウトしておくことを指す。

❏わが社には、**ドラスティック**な改革が必要だ

「ドラスティック」は「思いきった」「過激な」という意味。「ドラスティックな改革によって、専務一派が一掃された」「国民は、そこまでドラスティックな変化を求めていませんよ」などと使う。なお、似た言葉に「ドラマティック」があるが、こちらは「劇的な」という意味。

❏この商品は**ギミック**の効かせ方がうまいね

「ギミック」のもとの意味は、手品の仕掛けや映画で用いる特殊効果のこと。そこから、意表をついたアイデア、遊び心のある仕掛けという意味でも使われている。ビジネスでは、「いまどきは、ギミックの一つも効かせないと、ウケないぞ」や「ギミックに頼るな、性能で勝負しろ」といった使われ方をしている。

◉よく聞くあのカタカナ語、どう使えばいいの？

❑インセンティブを用意する

「インセンティブ」は、やる気を引き起こすような刺激のこと。要は、報酬やご褒美のこと。お金や物だけでなく、喜んでしたくなるような刺激なら、何でもＯＫ。また、マーケティング用語として、販促グッズやキャンペーンといった「消費者に対する刺激」を指すこともある。

❑それについては、アーカイブを見ればいいよ

「アーカイブ」は、もとは公文書やその保管所のこと。今では、個人や民間企業が収集した記録も含む。とりわけ近年は、書物に限らず、映像、文化遺産など、資料価値の高いコンテンツを集めたもの全般について用いられている。

❑今日、何か新しいオファーはなかった？

「オファー」は提示、申し入れのことで、「仕事をオファーする」「新しい条件で、

オファーが来た」などといった使い方をする。「あの会社には、早めにオファーを入れておけ」「そのオファーは呑めないぞ」など。

❏市場の声をいかに**フィードバック**するかが重要

「フィードバック」は、ビジネスでは、「結果を分析・検証して、その情報を現実に生かす」という意味合いで使われている。むろん、その目的は、商品性能、サービス内容の向上。「社外モニターの意見が、まるでフィードバックされていない」などと使われている。

◆参考文献

「言葉に関する問答集総集編」文化庁（大蔵省印刷局）／「新聞に見る日本語の大疑問」毎日新聞校閲部編（東京書籍）／「井上ひさしの日本語相談」井上ひさし／「大岡信の日本語相談」大岡信／「大野晋の日本語相談」大野晋／「丸谷才一の日本語相談」丸谷才一（以上、朝日文庫）／「日本語はおもしろい」柴田武（岩波新書）／「語源ものしり辞典」樋口清之監修（大和出版）／「ことばの博物誌」金田一春彦（文藝春秋）／「なるほど語源辞典」山口佳紀編（講談社ことばの新書）／「語源をつきとめる」堀井令以知、「漢字の知恵」遠藤哲夫（以上、講談社現代新書）／「会話とスピーチの技術」永崎一則（ＰＨＰ研究所）／「ビジネスマンことばのマナー」村岡正雄（創元社）／「話し方のマナー」塩月弥栄子（光文社）／「話し方の技術」坂上肇（三笠書房）／「広辞苑」（岩波書店）／「広辞林」（三省堂）／「日本語大辞典」（講談社）／ほか

編者紹介

話題の達人倶楽部
カジュアルな話題から高尚なジャンルまで、あらゆる分野の情報を網羅し、常に話題の中心を追いかける柔軟思考型プロ集団。彼らの提供する話題のクオリティの高さは、業界内外で注目のマトである。
本書では、一目置かれる、気持ちが伝わるワンランク上の日本語の使い方を教えます！　漢字、四字熟語、慣用句、外来語…を自分のモノとして自由自在に操れるようになる大人のための日本語教室‼

大人《おとな》の日本語《にほんご》
つい教養《きょうよう》が出《で》てしまうとっておきの471語《ご》

2012年1月5日　第1刷

編　者　話題《わだい》の達人《たつじん》倶楽部《くらぶ》

発行者　小澤源太郎

責任編集　株式会社プライム涌光
電話　編集部　03(3203)2850

発行所　株式会社青春出版社
東京都新宿区若松町12番1号〒162-0056
振替番号　00190-7-98602
電話　営業部　03(3207)1916

印刷・大日本印刷　製本・ナショナル製本

万一、落丁、乱丁がありました節は、お取りかえします
ISBN978-4-413-11049-5 C0081